> "Logic has not been this fashionable since the Rubik's Cube." —ABC News.com

> "Su Doku is logic stripped down to its bare minimum, an elegant, appealing simplicity...For people of all ages, it's especially a great concentration-builder for young people who have lost some simple but creative pleasures, like pen-and-pencil games."
> —Mark Huckvale, author of *The Big Book of Su Doku*

> "Aside from stimulating the intellect, Sudoku also has proved quite addictive—along the lines of Tetris, chocolate and some HBO original programming."
> —*Chicago Sun-Times*

> "Crossword lovers, move over...In theory, anyone who can count can solve sudoku, but the underlying complexity is what has attracted millions worldwide...it's a puzzle in which skill trumps smarts."
> —*USA Today*

> "Dubbed the Rubik's Cube of the 21st Century, Sudoku requires no math, just reasoning and logic. Anyone with patience and the capacity to count to nine can win."
> —*Ventura County Star* (California)

> "Su Doku is a fiendishly addictive puzzle that has been stumping players from Taiwan to Tbilisi."
> —*Time* Magazine

About the Author

Mark Huckvale is a Senior Lecturer in the Department of Phonetics and Linguistics at University College London. Trained as a scientist and engineer, he uses computers to research into the working of human speech. He was approached by the *Independent* newspaper in April 2005 to design Su Doku puzzles for their daily games page and Super Su Doku puzzles for their prize competitions. He is the author of *The Big Book of Su Doku 1* and *2*.

THE BIG
BOOK OF
SU DOKU 2

Compiled by Mark Huckvale

 Newmarket Press • New York

First published in the U.K. by Orion Books August 2005
First published in the U.S. by Newmarket Press September 2005

This book is published in the United States of America.

First Edition

ISBN 1-55704-704-9

10 9 8

Library of Congress Cataloging-in-Publication Data available upon request.

QUANTITY PURCHASES
Companies, professional groups, clubs, and other organizations may qualify for special terms when ordering quantities of this title. For information, write Special Sales Department, Newmarket Press, 18 East 48th Street, New York, NY 10017; call (212) 832-3575; fax (212) 832-3629; or e-mail info@newmarketpress.com.

www.newmarketpress.com

Manufactured in the United States of America.

SU DOKU BOOKS PUBLISHED BY NEWMARKET PRESS

The Big Book of Su Doku #1
    by Mark Huckvale 1-55704-703-0

The Big Book of Su Doku #2
    by Mark Huckvale 1-55704-704-9

Junior Su Doku
    1-55704-706-5

Contents

Preface *vii*
Introduction to Solving Su Doku Puzzles *viii*

Starter Puzzles 1–10
Complete the grids so that every row, every column and
every 2x3 box contains the digits 1–6

Easy Puzzles 11–40
Complete the grids so that every row, every column and
every 3x3 box contains the digits 1–9

Moderate Puzzles 41–70

Tricky Puzzles 71–100

Difficult Puzzles 101–130

Challenging Puzzles 131–160

Maxi Puzzles 161–170
Complete the grids so that every row, every column and
every 4x4 box contains the digits 1–12

Super Puzzles 171–180
Complete the grids so that every row, every column and
every 4x4 box contains the digits 0–9 and the letters A–F

Double Puzzles: Easy 181–190
Complete the grids so that every row, every column and
every box in each of the two overlapping puzzles contains
the digits 1–9

Double Puzzles: Tricky 191–200

Jigsaw Puzzles: Easy 201–210
Complete the grids so that every row, every column and every tile contains the digits 1–6

Jigsaw Puzzles: Moderate 211–220
Complete the grids so that every row, every column and every tile contains the digits 1–7

Jigsaw Puzzles: Tricky 221–230
Complete the grids so that every row, every column and every tile contains the digits 1–8

Jigsaw Puzzles: Difficult 231–240
Complete the grids so that every row, every column and every tile contains the digits 1–9

Jigsaw Puzzles: Challenging 241–250
Complete the grids so that every row, every column and every tile contains the digits 0–9

Preface

If you haven't yet come across Su Doku, it was originally a Japanese creation. As a nation the Japanese love puzzles – most of the ones they devise are logic puzzles based on pictures or numbers. Every day, you can see thousands of Japanese commuters poring over their puzzles. Su Doku has caught on in the United Kingdom, and now the interest is moving quickly to the United States and other countries.

The beauty of Su Doku is twofold: You don't need to know any specific language or learned information to do it; and there is always, if the puzzle has been set correctly, one and only one solution, solvable by reasoning and elimination, with no need for guesswork.

The term Su Doku translates into something like 'number placing' – but don't let the word 'number' put you off: You don't need to be good at math. Su Doku is a pure logic puzzle, and the numbers are merely symbols; they could just as well be pictures of flowers or geometric shapes. The key thing is that there are nine of them – and it just so happens that Su Doku uses the numbers 1 through 9.

The Su Doku phenomenon seems to keep on growing and growing; you only have to look in your local bookstore or read the newspaper to witness its astonishing popularity.

So here are 250 brand new puzzles, ranging from some coffee-break-length ones to new jigsaw super-taxing puzzles to keep you entertained through the night. But beware. Su Doku is addictive . . .

Introduction to Solving Su Doku Puzzles

'If it was so, it might be; and if it were so, it would be: but as it isn't, it ain't. That's logic'

Lewis Carroll, *Through the Looking Glass*

Everyone can enjoy su doku puzzles. You don't need to be a mathematical genius nor even good at mental arithmetic – su doku puzzles are really logic puzzles that happen to use numbers. You look at the pattern that is given and work out what values the empty cells can take by reasoning alone.

A normal su doku puzzle is a 3x3 grid of boxes each of which contains a 3x3 grid of cells. Each cell can take a digit from 1 to 9 subject to these restrictions:

- Each puzzle row (horizontal line) must contain one and only one of each digit
- Each puzzle column (vertical line) must contain one and only one of each digit
- Each 3x3 box must contain one and only one of each digit

Here is a typical puzzle and solution:

3		4					5	7
		9						
			7		8			
8	2	6		7		5		3
4			3	2	9	6		
9			6					
	3	7	1					8
5	9		2				6	
1						7		

3	6	4	9	1	2	8	5	7
7	8	9	5	4	3	2	1	6
2	5	1	7	6	8	3	4	9
8	2	6	4	7	1	5	9	3
4	7	5	3	2	9	6	8	1
9	1	3	6	8	5	4	7	2
6	3	7	1	5	4	9	2	8
5	9	8	2	3	7	1	6	4
1	4	2	8	9	6	7	3	5

Notice how the grid lines help you identify the rows, columns and boxes. See how the sets of the digits 1–9 are found in the rows, columns and boxes. But how do you get from the puzzle to the solution? How do you start? What is the best strategy? Of course it is fun to try and work it out for yourself, but if you would like some advice: read on!

Mini Su Doku

To make the ideas easier to follow, I'm going to describe first how to solve 'mini su doku' – a variant of su doku that uses a 2x2 grid of boxes containing a grid of 2x2 cells. Each row, column and 2x2 box must contain the digits 1 to 4. Here's a sample mini su doku puzzle and its solution.

		1	
4			
	2		
3			1

2	3	1	4
4	1	3	2
1	2	4	3
3	4	2	1

OK, let's use logic to solve puzzles like these.

RULE 1: *'When you've eliminated the impossible, whatever remains ... must be the truth'*

Arthur Conan Doyle, *The Sign of Four*

In this grid what values can go in cell A? Clearly it must be 4, because the top right box that contains A already has the digits 1, 2, 3. And all boxes must contain one of each digit.

		3	1
		2	A
	3		
4			

In this grid what values can go in cell B? Looking at the top left box, we see it must be either 1 or 2 since the box already contains 3 and 4. However if we look at the top row in the whole puzzle, we see that there is already a 1 in that row, therefore cell B must be 2.

B	3	1	
4			
	2		
3			1

Similarly in this grid, what values can go in cell C? Looking at the top left box, we see it must be either 1 or 2, since the box already contains a 3 and 4. However if we look at the leftmost column we see that it already contains a 1, therefore cell C must be 2.

C			
3	4		
		1	2
1		4	

RULE 2: '*A place for everything and everything in its place*'

Whereas Rule 1 is about eliminating values that *can't* be present in a cell, Rule 2 relies on the fact that each digit has got to go *somewhere* in each row, column or box. Instead of asking 'What digits can go in this cell?' we ask, 'Where does digit *X* go?'

For example, in this grid we know a 1 has to go somewhere in the bottom row, in either position A or position B. But the column that contains B already has a 1, so the 1 has to go in cell A. (Note that if we looked at cell A using Rule 1, we could not tell whether it contained a 1 or a 4.)

	1		
	3		
			4
A	B	2	3

And in this puzzle, we know that a 3 has to go somewhere in the top row. But it can't go in cells A or B because there is already a 3 in the top left box; and it can't go in C because that column already contains a 3, so the 3 must go in cell D.

A	B	C	D
3		2	
			1
		3	

RULE 3: *'Conspicuous by its absence'*

The logic we've used so far relies on the digits we've already got in the puzzle. We check the cell or the digit we're interested in against the digits we've got already. But even the empty cells can give us information! If a digit must go in either of two empty cells in a box, and those cells are in the same column, then that digit can't go elsewhere in that column. Likewise, if a digit must go into one of two possible cells that fall in the same row, the digit can't go elsewhere in that row. Here's an example:

A	B	2	1
1	C		3
3	D	1	

In this grid, we know the top row contains a 4, but does it go in cell A or cell B? There aren't any other 4s in the puzzle to help us, but look at cells C and D. One of these cells must be a 4 (because the lower left box already contains a 1 and 3), although we don't know which. But – and this is the key

– whichever cell it goes into, there will be a 4 in the second puzzle column, so cell B cannot be a 4. So the 4 in the top row must go into cell A.

We can use the same logic in this puzzle. We know that there must be a 1 in the first column, in one of the cells A, B or C. It can't go in C, because that row already contains a 1. It can't go in B, because one of D or E must contain a 1. So a 1 must go into cell A.

A		3	2
B		D	E
3			
C	1		

Moving up to the full puzzles

The rules above work just as well in the full su doku puzzles in this book. We'll look at one complete example.

2	4					9		3
1		8					4	F
A	6				4	1	5	8
7	8	6	2	3	1	4	9	
4		1				3	6	
						7	8	
9	1	3		8			2	7
6	B	C					1	
D	E	7	6		9		3	

We can find out what goes into cell A using Rule 1. We can
eliminate the digits 1, 2, 4, 6 and 8 because those digits are
already present in the same box as A. We can also eliminate
7 and 9, since they occur in the same column as A. Lastly, we
can eliminate 5, since there is already a 5 in the same row as
A. By elimination, A must be 3.

We can find out where the 8 goes in the lower left box using
Rule 2. We know that an 8 must go in cells B, C, D or E. But
there is already an 8 in the second column, so it can't go in
cells B or E. There is also an 8 in the third column, so it can't
go in cell C. So the 8 must go into cell D.

We can find out what goes into cell F using Rule 3. We can
eliminate the digits 1, 3, 4, 5, 8 and 9 since they are already
in the top right box, and we can also eliminate 7 since there
is already a 7 in the last column. This leaves 2 and 6. But the
middle box on the right is missing 2, and wherever it goes it
must go in the last column, so F cannot be 2: it must be 6.

Tips on Double Puzzles

The double puzzles in this book can be solved using the
same rules as the single puzzles. But the double puzzles are
more than just two single puzzles – they need to be solved
together since the cells completed in one part influence what
digits are possible in the other. Let's look at a section of a
double puzzle:

The centre 3x3 box is part of two puzzles – the values inside it are constrained by the two boxes to the left in the first puzzle and by the two boxes on the right in the second puzzle. This means that the numbers in the centre box must fit with digits both to the right and to the left. This also implies that the digits found on the left of the centre box must also be found on its right. Thus in the centre row of the puzzle above there must be a 6 and 4 somewhere between the 7 and 3.

Tips on Jigsaw Puzzles

In jigsaw puzzles the square boxes of cells you find in 9x9 puzzles are replaced by irregularly shaped tiles. But otherwise the su doku rules are the same: each row, each column and each tile must contain a full set of digits. Here is a solution of a simple jigsaw puzzle, so that you can see these rules in operation:

1	6	2	5	3	4
4	5	3	1	6	2
3	2	4	6	1	5
6	1	5	4	2	3
2	4	6	3	5	1
5	3	1	2	4	6

Check for yourself that the numbers 1–6 appear in each row, column and tile. With jigsaw puzzles, it is sometimes harder to see which values can go in a cell. You need to apply Rule 2 vigorously – remember that each digit has to go somewhere in each row, column or tile!

That's all there is to it!

You now know all you need to know to tackle the puzzles in the book, which are arranged in increasing order of difficulty. We start with some easy 'midi su doku' puzzles, then some full su doku puzzles that will help you hone your skills. As you get better, though, and complete more puzzles, they get harder. You'll need to use all three Rules to tackle the hardest puzzles in the book. Once you are confident with your puzzle solving, you'll enjoy the challenge of the super su doku puzzles, the double puzzles and the jigsaw puzzles. The more challenging the puzzle, the better the feeling when you see the last digits clicking into place!

Mark Huckvale
July 2005

PUZZLES

1

6		2			
	5		4		
	6				3
3					6
1				5	4

	4	5			
6			2	4	
		6	4	1	
	2		5		
					3
	1				

	6				
			1		
	2				
			3		4
2		5		1	
3					

2	3		1	5	
1					2
4	5				
				3	
			2	4	

4					1
				4	
	6			2	5
1					
				3	
	2		4		

4			3		2
3					
	5				
1					4
				2	6
		2		1	

			5	1	3
	4		2		
6	5				
2		3		6	
					2

	1	6			4
4			5		
	4		3		1
3				2	

1			2	6	
					1
	2	3	4		
					2
5	6	4			

				4	
6	5				
	6				
5			1	3	
1			3		
				2	

6		8						
	7			3	2	6		5
1	5		4					
			8	9		3		
		4					1	8
	8		5			7		
	1	3		4		5		
9			2	8	3			6
2								

				1		7	3	
8					9		1	2
1		5		2		8	4	
5	7	9				1		
		8	3					
	4					9		
			6			3	7	
7	5				4			
	2					5	8	4

		9	6				4	
	8				3	2	1	
	4	2		5			8	
4			9		2	6		7
6		7						
5								
						3		
		1	7					2
	3		8					4

9	6	5			2			8
	1						9	
					8			7
			9				8	
3	9	6		4			7	
				7			5	
		2	1					3
8			4	2	7	9		
4	5							

6	3	5	7	2				
		7			1			
				4	8			
							5	
	2	1				9		
	4	3		7		6	2	
7			8					9
2		9		6				
				5		4		1

16

		8	3		2		6	5
			6	4				
		6	8			2		
					3			
1		7		5	4	3		6
6						4	7	
	9		2			7		4
3	4		5				9	
				1			2	

The Big Book of Su Doku 2

		7		3	1			
		9		6		5		2
4				5		9	7	
5		2	3			7		
	3			4				
			5			6	4	3
	9		4	1	2			
		5						
	1							6

	1		7		8	9		
3	8							
		9			5	6		
	9			7				
	3	1					2	
			4	5			8	
	5			6	2	4	9	
6	7	3		4	9		5	1
	4							3

7				3				
								2
		9	8		6	1		
4	3					9		8
				6				
			5					3
3				4	1		2	
	4		9				6	
	2				7		8	

8								
	7	3	2		9		5	
9		6		3		2		4
				2		8		
		5				3	4	
	8	2	1					
					5		9	7
					7	1		
	6	4	9					

5	8	7		9		6		
	2						3	
4								
			4		9			2
			1			3		7
7	4	8	6					
	5		9				2	1
1	9			8	4		5	
					6			

Easy

		2					1	
5			1	4		8		6
		3				2		
				9		5		
			6	1				
	3		7					
8					5			4
	9			2	8			7
6			4				9	

2	3		4	7	1			
	1		6			7	3	
	9	7						1
						8	2	5
	6	8					7	9
				8	2		6	3
3		9			4	1		
7		1	3	5			2	8
5		6	1			3		

Easy

8	9	7		6				
	1	3					5	
	6		8			1		
	4	6				5		
	7		2		3			
			7				1	
				9				
7								2
2					5	6	4	1

7	9		3				6	
					9	2		
			6			5	1	
4								5
9		2			1		4	
					8			2
	8			4		6	5	
		1		3				
	5	4	2			7	8	

Easy

				7	1			
					2	5		
9	1					8		
					7		8	9
		7			8		4	
	6	5	9			7		
1	3	4					6	
2			3					
			7	6				

	7	2		1			3	4
5			2			1	9	
			9			8		2
	2				5	9		
4								
9		3	5	7				
		4				6	1	
	6				3			

		8	3	6	5			
3	7							1
				8				4
9			2			6	7	
5								
7	2		1		3		9	
		7		9				5
		1				2	4	7

	2	1	9			4	3	
3			5		6			
	7				1	2		
	4					3		2
	3		1	6	5	7		
	5							
								8
2		7		8			1	
		8		1	4	6		

7								2
5			6	7			4	
8	3		9				1	
9								
	1	3	5	6		7		
	2				4		9	1
			7			6		8
				1				

5	6							8
			6	7	4		9	
4		9				1		7
6	4					3		
			3		6	8	7	
3					9			
8			2					
		5	8			2		
	3		9	1				6

Easy

9			1	8		2		
	8	3	2		7			
			3					
2	1	4					5	
				7			3	9
1	6			3			9	2
	7							5
5			9		4			6

9	1	7	6			8		5
		8	9			2		3
			5					6
	9		2					
				5	7		8	
7		1			3			
5						4	6	
	2			1	4		3	

		6	2	7				
9		3	5					1
			4				5	9
					2		4	3
		5	8			1		
7	6		3			8		
2	8	1	9					
3				8				
	7			2				

	1	6		5				
					1			6
	5			7			4	
			5		7			9
7			8	2				
8		4				3		
		9	4	8		7		3
	8		1			2		
		2	7		9		8	

			7		5	3		
2		6	8		3			
		1				2		
8			4				9	
	4			3				
					2			7
		5						4
	1	4	5	7	8			
	7		2	4		9	1	

				7	9	5		
1								
				2	6	9	3	
4					2			
2	5					6		8
			4	3		7	9	
	2	7	8			4		6
5	3	1	7					
	8							

		5			1	3		
	8					1		7
4				2			5	9
3						8		
			9	6	3			5
2	1							4
6	2							
			2		7		6	3
		4		3			8	

				3	1			
	5			8		2		7
			7	9			6	3
4								8
	3	9				6		
		7					9	1
2	9		5		3			
		1			8	7	2	
		8		2				6

Easy

		1						3
			7	9		8		
	4	2	1	6				
2	3	5					4	
	7		4			9		
					2	5		6
3							9	5
	2	6			5	3	1	
			9					

	2			7			3	
9	6	5					1	
				1	5	9		
1			8			6		
			5			2		
	3	6				5	4	
2	8			5				
	1	7			4			
			9		1		8	

Moderate

							7	
3				5			6	1
		6	7		4		2	
1	9	7	8					
				9	5			
	4		6					
7		4		2				8
8	1					9		
2			3			5		

| 7 | 3 | 1 | 8 | 4 | 2 | 5 | 9 | |
|
	6	5	1	9	3	7	8
9	8	5	7	6	3	1	4	
6	1	7	3	9	8	4	2	5
	9		6	7	5	8	3	1
8	5	3	1	2	4	9	6	7
3		8	2	5		6	1	4
5		9	4	3		7	8	
1			9	8		2	5	3

Moderate

					2	7		
				1				
4	8	6					9	
		8	7	6			5	
			1		8	9		7
		3		9				
9	6							
			4			5		1
			6		3		7	

4	6			1	5			
		8						3
9				6	7			8
			5		4		1	2
				8				
1	8			7	3			4
	3					5	9	
8								
		9	1			2		

Moderate

		5		2	3	4		
2	3		4					
	1				5		6	
					9			8
9	2							1
	7			8				
5						3	4	
6			5				9	
3			1	4	2			

				4	3		5	
		1		5				6
		9		6			3	1
	4	6					2	
1					4	3		
2			3		7			
9	1	7				5		
	2		8	9		1		
5								2

Moderate

3	2			4			5	
	9				7	2		
	6			1				
		3			4	7		
1		4						
			8	2		1		4
6		5					7	
			5		6	3		
			9					8

	1	8			9			
4								
						7	4	6
				7		1		
	4		6	5			3	
1	6	5					9	
7		1					8	
			2	3	8			
2			4					9

Moderate

8		9		3				
		7	2		5	8		
					7		9	
1						6	3	4
2			3		4		8	
	2	1		5				
			8	4		7	5	
	5		1					9

7						2		
			8	4	3			
3						5		
2		1						
	9		4			3	5	
	5		6				9	
		7	3	8	2	4		5
8	1			9				
						7		

Moderate

4	2					5		
		8	3				9	
		5	7		6		4	
5				8		7		
				7	3			1
8		7	1				6	
	9	1	2					
			8	6	7	4		

		5		9	1			
9	1	5	2	8				
2		8		6		1	9	3
5	7	9				8		4
	2		6	4	8			7
4	4		7					
		2	1	1	6	5	4	
	5	1	4	2	4 6 / 7	7	2	
7	9	4	8		6		2	1

Moderate

	3	6		2				5
7			6					
5		1						6
		3	9				8	1
		9					6	
	2			5	1	7		
2	6				9			3
	9		2			1		
			4		3			

		9			1			
3		2		6		5		
				8			4	7
7	1							2
		8	4					
	4		2					9
5							2	1
	9			1	7			6

Moderate

			8					
	5						4	1
			9		6			3
				3	1	2		4
7	9			2		3	5	
	2			9		1		
2	7			4				5
1		4						
5							7	

2						4		
		6	7				8	
3								9
	5	9		6			1	
		1		3				2
		3				8	7	
6					2			
	7		4		3	9		5
	3		6					

Moderate

		8			6	2		
2	7	1	9	8			6	
	9	5	7		2	8		
5	4	3						
		6					5	
				7				
			8	1		6		3
								9
	8	7		6		4		

						5		1
	6	9						
			3				2	4
		4		2				
	7	8		3		2	9	
2				1		3		7
7			8		9		3	
	5			4	3	7		
								9

	5	7		1	3			
3			4			8		
			8					
				2			7	5
	1	4					6	
		6		3	4			8
7	3			4		9	1	
			8	2				6
	2	9						

8			7		5		2	
4								
		3	9			1		4
		5		6		4		3
	2		1	8			7	
		7						
2				1				
					8	2	5	
	3	8						6

Moderate

					7		5	2
5	1			6		7		
				8	2		7	
			3		5	4	1	
7				1				6
	2	8						3
		9			6			
		1		9	4	5		

63

		2			9			
4	3		1					5
				6	2	3		9
	1					8	5	
6	2			9				
	4			7	5		9	
1								8
			4			7		
7								

Moderate

3	1	8			4			
							4	
					8	3		
	2	3	6				1	
							3	
1	4	5				2		
		1		5				9
	6		8	9		7		
2		7		4		5		

	7	9		1	3			
8			7					
						2		
			3	7	4			
		6		8			1	2
								8
1	9				2		4	3
7					5			
	8			3			1	6

Moderate

8			6			9		
9						1	7	
		4		7	2			
7	2				8			
	3		7				4	5
	4		2	5			6	
2		6						
					4	7	8	
			8	3	6		2	

		5	6	7		8		
2		8	9					4
9	6			8				
			3			1	5	8
3	4							
							3	
7					5			
					9	6	1	
8		2			3		4	

Moderate

	3		4		6			
		7	9				2	
			7			8		5
3	8				5			
1	6		8					
7					4			9
		5				7	1	
9				2			6	
6						9		2

			1		2	9		
7	1			9				
				3	6			
2							3	4
	7		2			5	6	
	6		5	1			7	2
	3						1	
8		2		7				
		1		6				5

Moderate

	9		2	6				3
7		8				4		
		6		9				
			9			8	1	
	7					9	2	
8				5			7	
9			1	2				
	8			3	4		9	7
1	3		7					

					7			
	3	9			4	1		
2		4	6					
				2				
7		6						1
				3		5	7	9
9	2			1			3	
	4		8				5	
								8

Tricky

							6	
		8				7		
			2		1		8	
		1			9			
	2			4	7			
						9	3	4
4	6		7			2		9
7			5			6		
		5	4		2			1

					4		1	
		8			1	9	6	
5		9						8
					9	2	3	4
			1	5		8		
2	7							
1								
				7				
3	4		8		5			

Tricky

	9				3		8	
	6			5				
5								6
						7	4	1
				2	4			
		3			5			
		5				8		
			6		9	1		7
7	8	6		1		9		

			2					
	7	6						4
			1		8		3	
9						8		
						2	6	5
1		3				7		
			3				9	6
			7	4				
2	5							

Tricky

			3	6		4		5
		1						
	7							
			8		2			
				7	9	1		2
7	6				1			
3				5	8		6	
		9					5	3
5				2			4	8

		4				8	5	
8	2		3	1				
3			7	9		2		
4		5			3	9	8	
					8			7
	8	2			4		6	
5	1		9		2			
				5		1		

Tricky

6	7		1					
5						9		
	4	2				8		
			2		6		4	
		8				2	1	
		1	4		9	3		
				9		1		5
9				3				
7	3			2				

	8	9			3		1	
2			6	1				
				7			3	
					6		8	
3	1		5	8	7	4		
8	4							7
			4		8		9	
								6
6	5	3				1		

Tricky

	1		5			3	4	9
	5	9	1	3				
	6							
					6	1	2	
5				2				
			7			4		
4		5			9		3	
2		6		5				
			3					8

	7	5		4		1		3
4				8	5			2
					1			
9				1	2			
1		4					3	
						4		
		1						8
	4		6		7			
	2	6	3			5		

9								8
1			6	3		7		
6					4	1		
	2				8		3	
			9		7		4	
	4						9	2
8		5	4					
		6	7		3			5
				6		4		

		6				2	3	9
		8			7			
		5	9		3			
					6		9	
6			1		4			
	8	7				1	5	
3	2		8	6				
						9		
	6			9		8		2

Tricky

					6			1
3		1					2	5
7		6	1	4				3
2	5		8			3		6
				3		4		
1					2			
			7		3	5		8
		5						
	1				9		7	

6			4		8			2
					5	6	4	
8	7							
	8		3	9				7
3	5				2			6
	1							
			6			8	5	
		1		3				
7						9	6	3

Tricky

4	1	8						
				2	3			4
		9	1				8	
9			4	5		3		6
5		7	9					
	4						5	
				8	6	5		3
			3	4		7		
6					9			2

5				7		1	8	
	4		5		1			
2					8			7
	3	5	4				6	
			9	8				
				3				
		1			9	2		
3						6	4	
4	9	7						

Tricky

9	7			4	6			
5	8			2		1		
	1	4						2
6		1				8	9	
			9		8			
			7					
			4				6	
2			8					
	5					7	3	1

		5			6	1		
	9	4	7					
				5			2	8
9						2	1	
5	3				4	7		
1								6
2				1		5		
	8	3	2					
			9	3				

Tricky

	5		9	2	7	4		
						7		
	9	6	4	5				
							8	6
8		5	2		6		1	7
	2	3						
1			7				9	
		9						
2			6	4			3	

			7	8				
	2		6	9			8	
	4					5		
		7	8		6		9	
3	8	1						
		4			2		1	
4		2						1
9	3							
						6	2	7

6	9		1	8				
3						7		9
	5		7				2	
		2		1	7		3	
	7	5	3			1	9	
	3							
						2		
			5		4			
2		3				6	7	

	6				8			
	4	7	2		3			
		3				2	5	
1			7					
6	5					3	9	
	7	2	3			6		
			9	4				2
		5		6		1		4

Tricky

				6	7	2		
			3			7	9	8
7			1	4				6
		6		8				
		8						
5				7			2	
		3			9		4	
6	1		7	3				
	4		2					

		1				7	3	6
2			4		5			
9				3			2	
3	1		5					
			3	7		2		
		5						
			7		6	5		
	8	4			9			
	9			1				

Tricky

9								
6				9	5			8
5	8							4
							2	5
	4					1		
			3	4	8		7	
4	5		6					
	6				9	2		
	3	7	4			9		

5						4		
9		4		5				6
		7			6		5	
1		6					2	
				1				3
	8					7		9
6	9		8					
3			1				9	4
					2	5	6	

Tricky

		3	4		5			
	7					2		
5			1			4		9
			2		3	5		
	1				9		6	
2	9		5	1				
4								5
7				2	6		8	

	8			5			9	2
	5	4						
		7			8		5	
		6						
				4	7		1	
	2					4		5
7	1					2		
				2				1
			4	3	1	8		

Tricky

		3			1	5		
4		2		9				8
		1						
					3	4	1	5
1			9		2			
				4				
				8			9	7
3	2		7				4	
	9	7	6	3				

			9					
	9				2		5	
				1	5	8	6	
		9	3			4		
3		8	1					
	4			6		5	8	
4		7				2		
6				9				1
	5							

8		2	7				6	
		9						
	1			9				8
			4		7			5
9	6		5		3			
						7	2	3
5				1		8		
					6	5		
7	3	8						

			7		1			9
	3	2	4					
	7	1	3		9		4	5
3	2		6	5				
				7			5	6
6		7						
						8	7	3
		5		4			9	

Difficult

		9			3		7	
2					4	8		
	6					2		
8			1	7			9	
5	3		9				6	7
6			3					
	8	3			9			4
			2	1		9		

1		6	9		5			
				4				
			2	3		6		5
	6	1	5				9	
5						7		
9						5		4
		8	4		9			
	7	9					1	
	4						8	3

Difficult

	2				8			
				7		6		
						1	9	
6				8			1	3
9		5	7					
	7				6	2		
5		4	1				2	
	3			4				
			2	6				8

						3	8	1
9			2		1			
8			4					
	7	6	3				1	
			8	6	2	9		
		8		4			3	
	6	2	7		4			
	1		6				7	
						2		

Difficult

5			2	8				
			5				7	
	4	3			6			
		1		2			3	
		2				7		
			6	9		1		
					3	8	5	4
	8							
9	6				5			

		7	5	9		1		
	2			1				
							7	9
4	3							
9		6			3			
			9		6	7	2	
1		4				5	6	
				8	4			
				2			1	

Difficult

			7	3		8		
		5		4		6		
9						1		
	5		3					
	3		2		1			7
4					8	3		
	1							9
		9			2		8	1
6				1			5	

	4		2					7
1	9							
					3		6	
	5				4			
				7			9	3
		4		9		5		
		6	9					4
		5	8		2			
3	7		1			6		

Difficult

	5	2						4
		6				8		
				1	6			3
7			2				4	
3					5			2
2			7		4	3	5	
5								6
			1	5	3	7		
		9	4			2		

	5	6			8		3	
					3	7		
						2		
			8	4		6		
		1	7		6			
9		7		3		4		
3		5	4	2			1	
7								
			1			3	4	

Difficult

7					5		1	
					8	9		2
		1		9	7			8
3		4	2			1		5
6				5			8	
						4		
5								
	6		3	4				
	4	7				6		

				3	1			2
5		1		6				
		2				9	3	1
6			1		7		8	
	4	3		2				
7							9	
2			6					
	7					6	2	3
	5		4					

					1		8	6
		9						5
8	7	4		3				
7		6			3		9	
9			7			8	1	
			9	8		6		
5						2	7	8
	4		6	7				

					4	8		
6							1	7
5			1		6			
	9		8					
	3			1		7	4	
		5	9	4				3
								5
1		3						2
7	4						9	

Difficult

		3						1
6	8		3	1				
	4		8					
	5		9	6			7	
				5		6	4	
		4	6		8	5		
3						7		
	1	2	7					3

1			7			6	5	4
		5			6		7	
	7			9	2		8	
	2	7			9	8		
9			8	5			2	
		3	6		5			
8						1		
			2	4				

2				6			3	
			9			1	7	
		9	8	7				
	8							4
		3		2				6
6			1		8			9
5	1				9	3		
8			2					

	1		8				4	5
7			3			8	2	
	4				7			
6		4				1		
	7				3			
				2		5	9	
1				5				
3		7		1				8
					8	6		1

Difficult

	7	4				6	8	
5							3	
							2	4
	1				9		5	3
	6							
		9	7					8
2	9					5	1	
			8	6				
3			5					

			5					
3					8	6	4	
	1	8						
7		3		8	1	9		
		4		2			1	
	2			3				
4		9					6	3
			6		7	5		
		1	8					2

Difficult

			8	1	9		3	2
6			2					
		3				9		
					7	4		
		2						1
	6			8				9
3	8						1	
	1		5	2			8	3

8						1		
				6		9		2
2		3		4	5			
9	7	5				2		
	4							
							9	5
	8			3	4			
	1		8			7	6	
			2	1				

Difficult

1	5	3						
		8	4					6
	4		2	1				8
	2					4	1	
8		4					3	
			7					
		5			7		2	
4			1	3		9		
6						5		

	8				1	3	6	
	5	9					4	
				5	6		3	
	4	5					9	
	2			4	7			
1				2	3			
4	9		1			8		
					4			7

9				6				3
7					4		1	
			3				9	2
1			7			9	3	
		7						
2								
			6		2			
	5			7		8		
8	6			1		4		

3	1			6			5	
	5	9		3				
			4	8				
	2		9			7		8
		5						
8			1					2
6				1		8		
2					4			9
		3						1

Difficult

130

			3			8	9	2
	9							
			8		1			6
4			2	1	3			
	3	5				4		
					4		7	
3	4		1		2	7		8
6			7	8				
2								

The Big Book of Su Doku 2

	2						6	3
		8		7				
3	1							
		7		8				6
					5	8		2
8	6				9			1
1	7		6				4	
		6	1	4		3		
	9	4						

Challenging

					8			1
9						2		
8		6						
2								7
	4			6			5	
	6	9	4		3			
	9	3	5			6	2	
6			8	9		3		
				4				

			3			7	8	2
	1		6	8				
						6		
	4					9	1	
		3	8	6			2	
1				5				
7				4	5	8		
6	2							
		4						

						1	8	
	4	6			3	5	2	
8		7	4					
				6	4		7	8
4		8				2	1	
			2					6
			8	9			4	
3		5			7			
7			3					

								3
				1	8		9	
4					7	8		
		9				5	7	
	6			3				8
	5					6	3	
	8	4			3			2
5	2	6						7
			7	2	5			

Challenging

				4				
	6							
	2	5		6	7	8		
6						4	2	
9					8			5
8			7	3				
							1	2
			9		1			
7	8					6	3	

3		9		2				7
5			6	4		8		
			3			5	4	
1		2						
9								
	6				1	9		
	7	1						
	5	3				7		2
			8	5				

Challenging

9	5		4	1		6		
			5	8				
	6				9			8
		3	1		7	9	8	
						2	7	
	3					7		1
2		1	9					
			7	4			2	

			9		3	4	5	
	2	1	6				9	
				5				
				9			7	
7			4					
8		4				6		
	9		1		2			
	1							2
		6		4		7		5

	5				4	3		
	3				9			4
		8	3					6
			4	1	8		5	
7								
4					6		1	
6				5				
8						2		
		9	6	4			7	

	6			8	7		2	1
						8	6	
		8					3	
4	3				6			7
			2		9	4		
	1							2
1	5			7				3
		7	5			1		
			3					

			1	3				
	5	6				8		
	8				7	9		
					3		2	
3						6		1
4			7	2			5	
				5				
	6		9		4			
		9					8	4

		6		1	9			
			6		7		9	
3								5
			1			8	2	6
	5			2				
		4		9	6	1		
				6		2		4
	2		5					
					1			

		6	2			3		
	5			3		4		6
			7				5	
	1				8			
		8			5		9	
9	6	7			3			
				1			2	4
	4		6					7
	9				7	8		

2			1	7		4		
4		5		8				
8				3				
	2							5
			4			8		
					9			
	7	9						
			5		6		4	
				1		2	3	

Challenging

							6	
	8		6		9		3	
		6		2				
	9	2		4				
				5	7	9		8
7								
1			5	6	4	7		
		9		7		5		
6	7		2			4		

9	7					3		
	5	1					4	
2	6				4	5		
	2							7
			6					
7		3		9		1	2	
				7			8	9
1		6	5					
			3		2			

Challenging

2		5	1		4	6		
	4							
		6			5		7	
							1	
	7	2	4					
				6	9		3	
			8	4		1		6
5						7		
3			9					

4		5						
	2			5		8	9	
6	9				1			
7	4			6				5
		8	9			2		
				7				1
					7	5		6
			2			1		
			3	9				

Challenging

6	3							5
2			6	1		3		
4							6	2
7					4	6		9
		5	9		7	4		
	6				5	1		
	9					2		
		7		3			8	

6	7	3	4					8
			2		3	4		7
	5							
					2	5	9	3
	2							
1								
							8	4
	4	9			6			
			8	9		7	1	

Challenging

7	8							4
								6
			2	7	8		3	
						8	9	
	5	9		1				
	6		7		2		4	
9		3			1	5	2	
8								
				8	5			

		8			3			
9	3							1
	7		2		6			5
3	2						1	
			3				2	
							4	9
			7	9				6
		9		6	8			
5								

			6				7	3
3					9		4	
2								
5				6			1	
	8		3					
4		3		2				
	5		7	8				
1	9					8		
			5			2		4

4				1	7		3	8
	3		6					1
	6			8				2
	7	8	5		6			
		9						
			3		8	4		
1								
	5						7	
9						5		

9				6				
					7			8
					8		1	2
	6		4					
	5	7	2					
	9				6	3	5	
6		9		7		8		
3					9	7		
		4		5		9	3	6

	8					2	7	
			2					
7						6	8	5
3		4			9	5		6
		5	3	7			4	
	1						5	4
	9	3	1					
			7	9	4			

	2	7	6	8		3		
			3		5	4		
	1		4			6		
8								
	4		5				2	3
	9	1			6			
9				5		1		
1				2			8	5

	9		7	6	4			
2	6		3					
		8					4	3
						9		5
							3	
			8	9	1			
1	7		4				2	
9	4				1			
		3	2	7				

Challenging

7		9						6
4	2		5					
			4	3			7	
	4		6	5		7	1	
1			2				9	
2		5					6	
	6			7		8		
		2						
			8		6		3	

1					10	3					12
				11	1			2		3	
4			12						11	5	
5	11			8		7					
			6	10							
7							4	6	10		
	8	10			11			1		9	
									7		
		11		1	6	4	2		12		
3	10	4				5		11			
	7	1			9	11		12			10
						2		5	6		

		7		8	11			5			
					5	1		2	11	12	
8			4		6				1		
12		6	10	11			3				
			3				7	1		10	2
1			9				6				4
6	8							10	7	2	9
	9	2		6		12				11	
				10	11						
	4	5				2	12	3	8		
				3			11				
	12										

7	1	4		10				9		8	
				9	11	2					
										11	7
11	6							4	12	9	
		5	9				6				
			2	5		9		6			
8	12	2			4				11	5	
		1						10	9		
	4				3	6				12	1
		9	5				10		8		
	3	6				7	4				
				12			8		2	6	

	7			12				9	8		10
			11		10		6	7			
5	4		3				11		6		
		4						11		3	5
3				11		4					
		2	7	5	12	1					
	11		1		9				10	4	
	8			6	2	12			3		
10	9								7		
		1						12	5		
				9		5				6	1
8			9								

		5	9					1			6
		2			4		7				
		4			6		5			9	8
10				3						5	7
3	1		4			5			11		
2	11			4		7				8	
	3		2	8		1		12			11
4	12							2	1	7	
					3			9			
7				3	2						
		1		12	8			7	2		10
			11				10		12		

11				9	7						8
7					4		12	6	10		
	9			3			6	7		2	
	12		6	8							1
				11	5			4			2
5			3	12	6	4	7	8			
	2	6	12	7		1	10	3		8	
		7		4		12		10	5		
	4	5				11					
				5	9					7	
	7					11			1		
		8	1								3

167

			11		12		2	1	3		5
2	4		9		5			6			
		12	6				4				
5	6			7			8	10	4		
9				1	4			5			
	8		3					7			
3		6							8	10	
8				10	9					1	
		5					3	2			4
	3					12			1	11	7
				9		8	10		12		
4	7					2					6

Maxi

			9	7							
						12		1			10
		1			11	9	3	2	6		
9	6							4			7
		11	3	4	5						6
10						11		12	2		
	5									1	
	2				9	6	12	7	11		
	7			2	10						5
3	2			8							
	6		11					1	12		
	5		4	6		7	8		10		

		1	8		11						6
					7			11	9		5
		3	12								
			9		2		10	12		8	
			3				7	9			11
1				8	12	3	9			7	10
7		4	6			9				2	
				5	6	7	11				
8		10					12	1	5		
6	3	2	10	12		11			4		
	4			10				5			
					2			12		9

	5			8	9			11			
6							2				
7	4	10				12					
			6	1		11		8		7	5
						7				12	3
		3			4		12	10	9	6	11
10	9		2	5							1
				4	2				3	8	6
		8					7			9	
		2	12	7	3	9			8		
			8	12		5			10		
	10	4	1				11	5			

171

		9	E	1					4	6			8	7	F
				5		3	8			F					
		D			4	9		3		E			6	5	
A	7								8	5					
					B	9	6	7	A						
	1					0						A	5	6	E
	F			4	8	2						5	0	3	
C	6	3				5		4		8	F		D		
		6	0	3		2	1				A	5	4	F	
9	8														
						2					C	B	7		6
	B	A	C			F		8			D				
0				3	1		A		5		4				
B	2				C				D			1			9
		F	B			7									
7			8	D					A					B	

								3		4		7	6	2	8
9				2		0				E	5			A	
C		A	E	9	B							F			
7	6	8	2			F						9	1	4	
4			7		8		A	D	6	9	B			3	1
			0		C			2	1	7					
	5	9			D			F				6		B	
B															
		E		7		2				6			3	8	0
A		C	B	E		5					F	1			9
					9			7	D						
					A			5		3	4			7	F
	E	F		3			8	1				D		6	
			8				B				2			E	
				D	E		7		9			A		1	
6	B	D	4		F				7		A				3

		E		3						1	6	C			
			D	7		C					9				
					B		4		2	0		1		3	
2	1	3	4				5	C						B	
9	E		0		2	F		A			B				
1								6	D				8	4	
	2						B				C	5	9	6	E
			F	9	8	A	7		5		1				
D		9	B		C	5	A	8					3		
4	8	5	1		6								0		2
								5	F		E				
						7	8	4	6	C				5	
	F	0				B					A	7		1	
				C	9		E			8	D				F
								2	E			4	A	8	B
7	3	6		8			2							E	

	8	C		3			0				F				
B	3	4				E				1	C		9		0
5	1						7			E	D				
				9	D	8						6			
				F	8		7		D				1		
	4	2	B							A	3	6	F		
C	D	1								0	A	7			5
		7	5	4	E					F					B
F	9		A	0			2	C	E	B					
		4		5									8		
8			4		B	3			A					7	6
	6	B			1			2		9	5		C		
	2			3	D		5							0	
D			8	A		7	B		9						
	A	3	6	8		F		1				2	5	D	
					0	C		6	7			E	4		

										B		4	1	C	2
	3	E	1						C						0
D		0		9	6									3	
	6	A		5	F			D		E					
C	2	8	7	E	D	6			0		5				
0	9			1	C	3			4			8	6		
								F	2			7	0		5
								7	6						
			A			F	8	9	B			1	0		
			E		4							6		7	D
			2			7	3	6				8			
B	7	9	C				2		A			5		8	3
A	D	F				E							4		
				A	8	5			1	F		B			9
				2						A	9		8		
						B	8				C	D			

		9			6			7							
				2	3	5			A	4					C
		6		8	5				C	7	F				E
2	8	0	7				9		4			5			
3	2						4			9	0				
F	4	D		B										2	
						7			2			1	8	E	6
5			8	F		9		6			1		3	B	
1		5		0	9	C	F	3	B		E				
	E	3		7				2		D	5	0	4		
	D							1				3	7		
9				3											
				5	B	E		9	A	C	4				
4	9	C	A		2					8				3	
				A	F			3				2		1	8
E			D					B	5	6				4	0

			9	D				B				4	6		
	C			A	B	4	7								
				6					D						9
				1			5			3	8	F			
					7						2	6		5	3
	B		D	C	E		0			A					
	5	3	8						9	1	B			A	2
			4			9					E		7		0
	F				5			E	A	8			7	B	2
2		0				F		C	1	9		E			
		C			D			0					A	1	
3	6	E										0	4		
7				F		8	A	4				3	1		
F						1		2	7	B			0		
	3					5	6	F	E				8	4	
6	0	D	B				9								

178

3	F	4	B					5				0	9		
			8	4	3	A				6			F	1	
				7	6			B	3	F	8				
		C	E		8	9					0	D	5		
			E					3	B	5		4	0		
D	7			5		3			8			4	6		
1	5	E		6	C		F							2	7
	C	2							1		6			9	
A		9				4	6	2	C						
E								D						6	8
2	1					F	0								
		0			A	1	2	8				E	B		
7	8				4				D		E				A
								F	6		5			C	9
			7	F		D				3	C				
	9	B	D	A			1								

The Big Book of Su Doku 2

179

		F			9										0
	1					6		C	D	2					
	9						A	8	4	0	6	C		D	1
D	C		4		7	1						A	B	9	
F					D	7					3		C		
		3	2					4	B		F				
		E	9	8								5	D	7	A
A				4	0	5	E								B
0		7			3		6			F	2				4
			3	E		4	5		A			B	7	1	8
6		8	E	C							B			A	3
2	D				8										
									1	A	0	2			
		1	C	3	6	A		5							
3									2	9					5
4	0		7		F					8		6	E		

180

			C		1		7				5			9	
		9							6		B	8			
				C		3	2	1	0					B	A
7					D						2				5
B	4	5	6				9								
	C			3				F				D	6		8
F			A		8			0	4	1		7	9		
9				E	0	B		5	2			4	F	1	
	8	D	B	1	F	2	0						5		E
		3		9	4		A		F				0		
0		6					3	4				1		A	2
2				8				E	C		3			7	
	6	1	D			0				2	7	E	3		
		C	2	B	E	F				D					
	A									5	E	0			
	9					7		A			4	5		C	

6								9			
		4		6							
	9	5			1						
3				4							
			2								9
1										4	
		1					2	7	1		3
7			5		6						
	2						9	8	2		
			9			8	1	5			
			7			4					
			4						3	2	

Double: Easy

182

		3									
			4			1					
		2				8	9				
3	8	6		4						3	
1									9		
			2		9				8		
	5					6	7				
			3	1	7						
						2					
			7		1			9		4	
			5	8							

	4							3			
	6	7		2	1						
			7		1						
7	9			3		4					6
			5	2							
		8							5		
		3	6								
		4					9		6		
8									8		5
				9		2					
					3		4			5	
								3	4	7	1

184

4	5	6									
							7				
7						2					
5	6					1				8	
				4							
3							2				
		7							4		1
	8					5	6		3		
			7	3					5		
					6			9	7		3
			8		9	2		4			
					2	6					

186

	8			1				3			
7				6							
9			8				5	2			
	9		1								
						6					
4			9	7		8					4
			2				8				
	1	5							3		
			7		1		9		4		
					2				9	4	1
				3					8		
										7	3

6	4	2				9	1				
3			6								
1						6					
		9			3	8				2	4
			4								
				6				3			
7								2	4		
				2						9	
		8	5	4						1	
			8	1							
						5			3	7	
			6						1		

8	2	1	3			4					
	5							1			
					7						
				1							
7									8		
	1		9	7		8					
				4		3					
			5		9				7	6	
5							6			9	3
				7	2						
						1				4	5
			3		5						6

189

191

Double: Tricky

194

6		3					7							
							1	5						
				4	9		2							
			5			4		6						
9	1			6				3						
4			3											
	5	2	6						6			7		
	3					8				4	2	1	9	
				7										
						2			9					
											1			
						5	9		8			2		
							9			2	8	4	3	
														2
							2	7				1		

196

	9						1	8
	8	3						9
					1			
		8	2			4		
		5					2	
6		1						

			4		9	1			9		6			
	6			5							1	8		
7					8						3	2		

			3	5	2		9		4		6
							5				
						4	6		3		
						6					
			7	6							
			9				3			1	4

197

		6	7			9		2						
1	8		4				3							
	2				3		1							
7	4													
			8	9										
2		3						1						
3				1							3	9		
			9	6					9			7		
													4	
										8			5	
						4	3						6	
							9			5	6			
						3			4	6		5		
						6							9	7
									8		5			4

Double: Tricky

198

			8		4									
	2					8								
	3					7		9						
7	4	6				1	2							
				3										
8			7		6									
9		2		4					7	5				
				7			1		6					3
							4							8
													4	
						8		5					9	2
									9	7	1		5	
											8			
								2			4		3	

Double Sudoku (two overlapping 9×9 grids).

Upper grid (rows 1–9, columns 1–9):

8			4		3			
			8			7	4	
6	1			2		3		
4	9	2		1				
	3		2					
5					9			
		9	7					
		8						
						8	9	

Lower grid (overlaps the upper grid's bottom-right 3×3 block):

				2				
8	9						2	1
			4	5				
9					6	4		
			7			6	9	2
2		1	3					6
5								
			9			3		8

200

	6					4
		3				
			3			
				2		
		4		1		

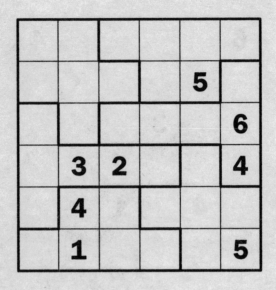

3				6	
	1				
1			4		
6					
	2				
		5			3

				1	
5					
			3		
	2				1
4	6				
					2

205

			4		
2			5		
		2			6
				3	4
		1	3		

	2				6
1	3		5		
		1			5
		4		6	

207

1					
		6		2	
		5		1	
		4			
	3	1			

			2		
	3	4			
4					
2					1
3				6	

209

					4
		3		1	
2					
	3		5	6	
5		1			

Jigsaw: Easy

3					6
4					
		6	2	3	
		5			
	1				
					2

	4		3	6		
	3		6			7
					5	
	2				1	

Jigsaw: Moderate

				1		
			4	5		2
1					4	
2				3		
					3	5
			6			
	7		2		5	

1						7
		2				
5			1			6
		3		6		
	4				1	
	2		7	5		

214

	2			4		
7		1				
	5	4	3			
		2				7
	3					

215

		1	4	2		
	6	7				
5	1					
6					5	3
						6
			5			

						6
					3	
	1					
			5	1		
2						5
		7	4			
	2					

217

5						7
	7					4
		4				
			6			
	2			3		
3		1				
			5			

Jigsaw: Moderate

218

					3	
5			1			7
1						
		7			6	
2		4				
	6					

				4	6	
	3					
3	7			5		1
		1				
					3	
6		2			7	

Jigsaw: Moderate

2	5					1
					3	
			7		5	
		1		4		
6						
				3		

4						3	
			3		2		7
1							
		7		3			5
6					8	1	
5			4				
		6					
7							

	4	6					
8			3				
		5	6			7	
7	3		4			1	
	7		5		3		
4					5	2	8
		1					4

2				5			
	6						
			4				
						7	1
			7		8	5	
3				4	6		7
8	2				3		
4				1		2	

Jigsaw: Tricky

5	4						
					6		
	1	7			5		
							6
3			2			8	
					3	2	
4				5			

225

	2		5		4		
8							1
						5	
1		3					
				3			5
							6
2	1					8	
	3		4	5			

Jigsaw: Tricky

	7	8			1		
	6		4				2
	1	5		3			
				5			8
			7				
						3	
	3				2	6	

6	7				3		1
	2						
4					2		6
		2					
		7					
		8	3				5
7						3	
		4				7	

Jigsaw: Tricky

8					4		
		3	6		7		
			7				
						4	
			5	6			3
2		7		1			

229

		5					6
		1					
5		3					
	6						
4					2	8	
8			4			6	
							4

Jigsaw: Tricky

5			7				
	6						5
7					6		8
			4		2		
2				1		7	
	8	1		3			
1	3						4
4						3	6

A 9×9 jigsaw sudoku grid with the following given numbers:

- Row 1: _, 2, _, _, _, _, _, _, _
- Row 2: _, 4, 7, _, _, _, _, 9, _
- Row 3: 1, _, _, _, 2, 8, 6, _, _
- Row 4: _, _, _, 5, _, _, _, 8, 4
- Row 5: _, _, _, 3, _, _, 9, _, _
- Row 6: _, _, _, _, 1, _, _, _, _
- Row 7: _, _, _, _, _, _, _, _, 6
- Row 8: 3, 7, 6, _, _, _, _, _, _
- Row 9: _, _, _, _, _, _, _, _, _

8			2		5			
	3	5					6	
6	9							
3								7
				6				
	2		8					
			9				8	
		1		3		5		
						4		9

5	1	9	4					
								7
								5
				1		6		
9								
			3		7		5	
	8				2			
4		2	1				9	

Jigsaw: Difficult

6							5	2
7	8		3					
				9				
				4		8		
			5		1		8	
	2	4						
3								
					7			6
					9			

		1		3	5			
		7	2					
4							6	
		8			1			
								3
1	8					4		
3	4					6	8	5
	9						7	

Jigsaw: Difficult

		2	3	6				
			5		7		4	
5	6	1	7					
7				4				
					8			
	5					9		
	2	3						
		5				8		1

5	6	1				4		
6		8						
			8			9		
9	3		4					
			5					
	9							3
	8			7			2	
		9		5		3		
							7	

Jigsaw: Difficult

5						8		
						2	5	
4		7						
				1	8			
								7
	3							
		4	5		7	9		8
	7		4		3	6		
	2	3						

4			5	9	2			
	3		6					
9	4						7	3
				1		8		
2		9			4			
	9	1	3					7
								9
5								

	3							6
	6						8	
			1	5			4	
6		1	2					
7			4					
								7
			5					
		9				2		
					3	4	6	

241

		3		6					
	4			7		1	8		0
5		0	8						
									1
2			5	3	9	0			
0	3					4			
	1		6	5				2	
				6					
		7			4			9	6
			7						

			3		2	0		9
		6					5	
	8					4		
						1		0
3		8			7		9	
5	9	0				7		
	6		5				3	
			1	6		5		
4			0	7				

				6	8	0			
		0		5					
			9	7		8			
9					1			2	
								1	
1		8	6						
									0
6	9							0	8
2	4				9				5
	3	1	5				4		

245

3			0				1	8	
1		0	6	4					
8				7				1	
5									
						8			4
	2			9	6	7			
		3				5			
		9							
			2						
	0						4		7

			2					3	0
			8						
			4						
		9		2			8		
3		4							2
8				9		2			4
				1	6				
5					4	1	6		
7					3				8
6				7	2				

Jigsaw: Challenging

			1		9		5	7	
3							2		0
		6		2		3			
								9	1
		2	7		4	0	6		
4		9		1					
			9		8	7	1	5	
0			5						

249

					2	9		8
			3	1	4			
5	1							
3		0					2	
			9					
	7		6	3				0
		9				4		
				1	2			
6								
		5			0			

		2	5						
		6							
							4		
6	7	0					1		
			8	6	9	0			
			6	9	2	3		8	
	1				7				2
		9							
3	2								
				1					9

SOLUTIONS

1

6	3	2	1	4	5
5	1	4	6	3	2
2	5	3	4	6	1
4	6	1	5	2	3
3	4	5	2	1	6
1	2	6	3	5	4

2

2	4	5	3	6	1
6	3	1	2	4	5
3	5	6	4	1	2
1	2	4	5	3	6
4	6	2	1	5	3
5	1	3	6	2	4

3

1	6	4	2	3	5
5	3	2	1	4	6
4	2	3	5	6	1
6	5	1	3	2	4
2	4	5	6	1	3
3	1	6	4	5	2

4

2	3	6	1	5	4
1	4	5	3	6	2
4	5	3	6	2	1
6	1	2	4	3	5
5	6	1	2	4	3
3	2	4	5	1	6

5

4	3	6	2	5	1
2	1	5	6	4	3
3	6	4	1	2	5
1	5	2	3	6	4
6	4	1	5	3	2
5	2	3	4	1	6

6

4	1	5	3	6	2
3	2	6	1	4	5
2	5	4	6	3	1
1	6	3	2	5	4
5	3	1	4	2	6
6	4	2	5	1	3

7

1	3	5	6	2	4
4	2	6	5	1	3
3	4	1	2	5	6
6	5	2	3	4	1
2	1	3	4	6	5
5	6	4	1	3	2

8

5	1	6	2	3	4
2	3	4	1	6	5
4	6	3	5	1	2
1	2	5	6	4	3
6	4	2	3	5	1
3	5	1	4	2	6

Solutions

9

1	3	5	2	6	4
2	4	6	3	5	1
6	2	3	4	1	5
4	5	1	6	3	2
5	6	4	1	2	3
3	1	2	5	4	6

10

2	1	3	6	4	5
6	5	4	2	1	3
3	6	1	4	5	2
5	4	2	1	3	6
1	2	5	3	6	4
4	3	6	5	2	1

11

6	3	8	7	5	9	4	2	1
4	7	9	1	3	2	6	8	5
1	5	2	4	6	8	9	3	7
7	2	6	8	9	1	3	5	4
5	9	4	3	7	6	2	1	8
3	8	1	5	2	4	7	6	9
8	1	3	6	4	7	5	9	2
9	4	5	2	8	3	1	7	6
2	6	7	9	1	5	8	4	3

12

4	9	2	8	1	6	7	3	5
8	3	7	5	4	9	6	1	2
1	6	5	7	2	3	8	4	9
5	7	9	4	6	8	1	2	3
2	1	8	3	9	5	4	6	7
3	4	6	2	7	1	9	5	8
9	8	4	6	5	2	3	7	1
7	5	3	1	8	4	2	9	6
6	2	1	9	3	7	5	8	4

13

1	5	9	6	2	8	7	4	3
7	8	6	4	9	3	2	1	5
3	4	2	1	5	7	9	8	6
4	1	3	9	8	2	6	5	7
6	2	7	5	4	1	8	3	9
5	9	8	3	7	6	4	2	1
9	7	4	2	1	5	3	6	8
8	6	1	7	3	4	5	9	2
2	3	5	8	6	9	1	7	4

14

9	6	5	7	1	2	4	3	8
7	1	8	5	3	4	2	9	6
2	4	3	6	9	8	5	1	7
5	2	7	9	6	1	3	8	4
3	9	6	8	4	5	1	7	2
1	8	4	2	7	3	6	5	9
6	7	2	1	5	9	8	4	3
8	3	1	4	2	7	9	6	5
4	5	9	3	8	6	7	2	1

15

6	3	5	7	2	9	8	1	4
4	8	7	6	3	1	5	9	2
1	9	2	5	4	8	7	3	6
8	7	6	2	9	4	1	5	3
5	2	1	3	8	6	9	4	7
9	4	3	1	7	5	6	2	8
7	5	4	8	1	3	2	6	9
2	1	9	4	6	7	3	8	5
3	6	8	9	5	2	4	7	1

16

4	1	8	3	7	2	9	6	5
2	7	9	6	4	5	1	3	8
5	3	6	8	9	1	2	4	7
9	8	4	7	6	3	5	1	2
1	2	7	9	5	4	3	8	6
6	5	3	1	2	8	4	7	9
8	9	1	2	3	6	7	5	4
3	4	2	5	8	7	6	9	1
7	6	5	4	1	9	8	2	3

17

2	5	7	9	3	1	4	6	8
1	8	9	7	6	4	5	3	2
4	6	3	2	5	8	9	7	1
5	4	2	3	8	6	7	1	9
9	3	6	1	4	7	8	2	5
8	7	1	5	2	9	6	4	3
6	9	8	4	1	2	3	5	7
7	2	5	6	9	3	1	8	4
3	1	4	8	7	5	2	9	6

18

4	1	6	7	2	8	9	3	5
3	8	5	6	9	4	1	7	2
7	2	9	1	3	5	6	4	8
8	9	4	2	7	3	5	1	6
5	3	1	9	8	6	7	2	4
2	6	7	4	5	1	3	8	9
1	5	8	3	6	2	4	9	7
6	7	3	8	4	9	2	5	1
9	4	2	5	1	7	8	6	3

19

7	1	4	2	3	5	8	9	6
8	6	3	1	9	4	5	7	2
2	5	9	8	7	6	1	3	4
4	3	6	7	1	2	9	5	8
9	8	5	4	6	3	2	1	7
1	7	2	5	8	9	6	4	3
3	9	8	6	4	1	7	2	5
5	4	7	9	2	8	3	6	1
6	2	1	3	5	7	4	8	9

20

8	2	1	4	5	6	9	7	3
4	7	3	2	8	9	6	5	1
9	5	6	7	3	1	2	8	4
6	4	7	5	2	3	8	1	9
1	9	5	6	7	8	3	4	2
3	8	2	1	9	4	7	6	5
2	1	8	3	6	5	4	9	7
5	3	9	8	4	7	1	2	6
7	6	4	9	1	2	5	3	8

21

5	8	7	3	9	2	6	1	4
6	2	9	7	4	1	5	3	8
4	3	1	8	6	5	2	7	9
3	1	5	4	7	9	8	6	2
9	6	2	1	5	8	3	4	7
7	4	8	6	2	3	1	9	5
8	5	6	9	3	7	4	2	1
1	9	3	2	8	4	7	5	6
2	7	4	5	1	6	9	8	3

22

4	6	2	3	8	9	7	1	5
5	7	9	1	4	2	8	3	6
1	8	3	5	7	6	2	4	9
7	4	1	8	9	3	5	6	2
9	5	8	2	6	1	4	7	3
2	3	6	7	5	4	9	8	1
8	1	7	9	3	5	6	2	4
3	9	4	6	2	8	1	5	7
6	2	5	4	1	7	3	9	8

23

2	3	5	4	7	1	9	8	6
8	1	4	6	9	5	7	3	2
6	9	7	2	3	8	5	4	1
3	7	2	9	4	6	8	1	5
4	6	8	5	1	3	2	7	9
1	5	9	7	8	2	4	6	3
9	2	3	8	6	4	1	5	7
7	4	1	3	5	9	6	2	8
5	8	6	1	2	7	3	9	4

24

8	9	7	5	6	1	2	3	4
4	1	3	9	2	7	8	5	6
5	6	2	8	3	4	1	7	9
3	4	6	1	8	9	5	2	7
1	7	5	2	4	3	9	6	8
9	2	8	7	5	6	4	1	3
6	3	1	4	9	2	7	8	5
7	5	4	6	1	8	3	9	2
2	8	9	3	7	5	6	4	1

25

7	9	5	3	1	2	4	6	8
1	4	6	5	8	9	2	3	7
8	2	3	6	7	4	5	1	9
4	6	8	9	2	3	1	7	5
9	3	2	7	5	1	8	4	6
5	1	7	4	6	8	3	9	2
2	8	9	1	4	7	6	5	3
6	7	1	8	3	5	9	2	4
3	5	4	2	9	6	7	8	1

26

6	5	8	4	7	1	2	9	3
7	4	3	8	9	2	5	1	6
9	1	2	5	3	6	8	7	4
4	2	1	6	5	7	3	8	9
3	9	7	1	2	8	6	4	5
8	6	5	9	4	3	7	2	1
1	3	4	2	8	5	9	6	7
2	7	6	3	1	9	4	5	8
5	8	9	7	6	4	1	3	2

27

8	7	2	6	1	9	5	3	4
3	9	1	4	5	7	2	8	6
5	4	6	2	3	8	1	9	7
1	3	5	9	6	4	8	7	2
6	2	7	3	8	5	9	4	1
4	8	9	7	2	1	3	6	5
9	1	3	5	7	6	4	2	8
7	5	4	8	9	2	6	1	3
2	6	8	1	4	3	7	5	9

28

1	4	8	3	6	5	7	2	9
3	7	5	9	2	4	8	6	1
2	6	9	7	8	1	3	5	4
9	1	4	2	5	8	6	7	3
5	8	3	6	7	9	4	1	2
7	2	6	1	4	3	5	9	8
6	3	7	4	9	2	1	8	5
4	5	2	8	1	7	9	3	6
8	9	1	5	3	6	2	4	7

29

6	2	1	9	7	8	4	3	5
3	8	4	5	2	6	1	9	7
9	7	5	4	3	1	2	8	6
1	4	6	8	9	7	3	5	2
8	3	2	1	6	5	7	4	9
7	5	9	2	4	3	8	6	1
4	1	3	6	5	2	9	7	8
2	6	7	3	8	9	5	1	4
5	9	8	7	1	4	6	2	3

30

7	4	1	3	8	5	9	6	2
5	9	2	6	7	1	8	4	3
8	3	6	9	4	2	5	1	7
9	7	5	4	2	8	1	3	6
4	6	8	1	3	7	2	5	9
2	1	3	5	6	9	7	8	4
6	2	7	8	5	4	3	9	1
1	5	4	7	9	3	6	2	8
3	8	9	2	1	6	4	7	5

31

5	6	7	1	9	2	4	3	8
1	8	3	6	7	4	5	9	2
4	2	9	5	3	8	1	6	7
6	4	8	7	5	1	3	2	9
9	5	1	3	2	6	8	7	4
3	7	2	4	8	9	6	1	5
8	1	6	2	4	7	9	5	3
7	9	5	8	6	3	2	4	1
2	3	4	9	1	5	7	8	6

32

9	4	5	1	8	6	2	7	3
6	8	3	2	5	7	9	4	1
7	2	1	3	4	9	5	6	8
3	9	7	5	6	1	8	2	4
2	1	4	8	9	3	6	5	7
8	5	6	4	7	2	1	3	9
1	6	8	7	3	5	4	9	2
4	7	9	6	2	8	3	1	5
5	3	2	9	1	4	7	8	6

33

9	1	7	6	3	2	8	4	5
6	5	8	9	4	1	2	7	3
2	3	4	5	7	8	1	9	6
4	9	5	2	8	6	3	1	7
3	6	2	1	5	7	9	8	4
7	8	1	4	9	3	6	5	2
5	7	3	8	2	9	4	6	1
1	4	9	3	6	5	7	2	8
8	2	6	7	1	4	5	3	9

34

5	1	6	2	7	9	3	8	4
9	4	3	5	6	8	2	7	1
8	2	7	1	4	3	6	5	9
1	9	8	6	5	2	7	4	3
4	3	5	8	9	7	1	2	6
7	6	2	3	1	4	8	9	5
2	8	1	9	3	5	4	6	7
3	5	4	7	8	6	9	1	2
6	7	9	4	2	1	5	3	8

35

2	1	6	3	5	4	9	7	8
4	7	8	2	9	1	5	3	6
9	5	3	6	7	8	1	4	2
6	3	1	5	4	7	8	2	9
7	9	5	8	2	3	4	6	1
8	2	4	9	1	6	3	5	7
5	6	9	4	8	2	7	1	3
3	8	7	1	6	5	2	9	4
1	4	2	7	3	9	6	8	5

36

4	8	9	7	2	5	3	6	1
2	5	6	8	1	3	4	7	9
7	3	1	9	6	4	2	5	8
8	6	2	4	5	7	1	9	3
5	4	7	1	3	9	8	2	6
1	9	3	6	8	2	5	4	7
6	2	5	3	9	1	7	8	4
9	1	4	5	7	8	6	3	2
3	7	8	2	4	6	9	1	5

37

3	6	2	1	7	9	5	8	4
1	9	5	3	4	8	2	6	7
7	4	8	5	2	6	9	3	1
4	7	9	6	8	2	1	5	3
2	5	3	9	1	7	6	4	8
8	1	6	4	3	5	7	9	2
9	2	7	8	5	3	4	1	6
5	3	1	7	6	4	8	2	9
6	8	4	2	9	1	3	7	5

38

7	6	5	4	9	1	3	2	8
9	8	2	3	5	6	1	4	7
4	3	1	7	2	8	6	5	9
3	5	9	1	4	2	8	7	6
8	4	7	9	6	3	2	1	5
2	1	6	8	7	5	9	3	4
6	2	3	5	8	4	7	9	1
5	9	8	2	1	7	4	6	3
1	7	4	6	3	9	5	8	2

39

7	6	4	2	3	1	8	5	9
9	5	3	4	8	6	2	1	7
8	1	2	7	9	5	4	6	3
4	2	5	6	1	9	3	7	8
1	3	9	8	5	7	6	4	2
6	8	7	3	4	2	5	9	1
2	9	6	5	7	3	1	8	4
3	4	1	9	6	8	7	2	5
5	7	8	1	2	4	9	3	6

40

7	9	1	5	2	8	4	6	3
5	6	3	7	9	4	8	2	1
8	4	2	1	6	3	7	5	9
2	3	5	6	7	9	1	4	8
6	7	8	4	5	1	9	3	2
4	1	9	3	8	2	5	7	6
3	8	4	2	1	7	6	9	5
9	2	6	8	4	5	3	1	7
1	5	7	9	3	6	2	8	4

41

4	2	1	6	7	9	8	3	5
9	6	5	3	2	8	4	1	7
3	7	8	4	1	5	9	2	6
1	5	2	8	4	7	6	9	3
8	9	4	5	3	6	2	7	1
7	3	6	1	9	2	5	4	8
2	8	9	7	5	3	1	6	4
6	1	7	2	8	4	3	5	9
5	4	3	9	6	1	7	8	2

42

4	5	1	2	3	6	8	7	9
3	7	2	9	5	8	4	6	1
9	8	6	7	1	4	3	2	5
1	9	7	8	4	3	2	5	6
6	2	3	1	9	5	7	8	4
5	4	8	6	7	2	1	9	3
7	3	4	5	2	9	6	1	8
8	1	5	4	6	7	9	3	2
2	6	9	3	8	1	5	4	7

43

9	3	1	8	4	2	5	7	6
7	4	6	5	1	9	3	8	2
2	8	5	7	6	3	1	4	9
6	1	7	3	9	8	4	2	5
4	9	2	6	7	5	8	3	1
8	5	3	1	2	4	9	6	7
3	7	8	2	5	1	6	9	4
5	2	9	4	3	6	7	1	8
1	6	4	9	8	7	2	5	3

44

3	5	1	9	4	2	7	8	6
2	7	9	8	1	6	4	3	5
4	8	6	3	5	7	1	9	2
1	9	8	7	6	4	2	5	3
6	2	5	1	3	8	9	4	7
7	4	3	2	9	5	6	1	8
9	6	7	5	8	1	3	2	4
8	3	2	4	7	9	5	6	1
5	1	4	6	2	3	8	7	9

45

4	6	3	8	1	5	7	2	9
7	1	8	9	4	2	6	5	3
9	5	2	3	6	7	1	4	8
3	7	6	5	9	4	8	1	2
2	9	4	6	8	1	3	7	5
1	8	5	2	7	3	9	6	4
6	3	7	4	2	8	5	9	1
8	2	1	7	5	9	4	3	6
5	4	9	1	3	6	2	8	7

46

7	6	5	8	2	3	4	1	9
2	3	9	4	6	1	8	7	5
8	1	4	9	7	5	2	6	3
4	5	6	3	1	9	7	2	8
9	2	8	7	5	4	6	3	1
1	7	3	2	8	6	9	5	4
5	8	1	6	9	7	3	4	2
6	4	2	5	3	8	1	9	7
3	9	7	1	4	2	5	8	6

47

8	6	2	1	4	3	7	5	9
7	3	1	9	5	2	4	8	6
4	5	9	7	6	8	2	3	1
3	4	6	5	1	9	8	2	7
1	7	8	6	2	4	3	9	5
2	9	5	3	8	7	6	1	4
9	1	7	2	3	6	5	4	8
6	2	4	8	9	5	1	7	3
5	8	3	4	7	1	9	6	2

48

3	2	1	6	4	9	8	5	7
4	9	8	3	5	7	2	1	6
5	6	7	2	1	8	4	9	3
2	5	3	1	6	4	7	8	9
1	8	4	7	9	3	6	2	5
9	7	6	8	2	5	1	3	4
6	3	5	4	8	2	9	7	1
8	1	9	5	7	6	3	4	2
7	4	2	9	3	1	5	6	8

49

6	1	8	7	4	9	5	2	3
4	7	2	3	6	5	9	1	8
3	5	9	1	8	2	7	4	6
8	2	3	9	7	4	1	6	5
9	4	7	6	5	1	8	3	2
1	6	5	8	2	3	4	9	7
7	3	1	5	9	6	2	8	4
5	9	4	2	3	8	6	7	1
2	8	6	4	1	7	3	5	9

50

8	1	9	7	3	6	4	2	5
5	3	2	4	8	1	9	7	6
6	4	7	2	9	5	8	1	3
3	8	4	5	6	7	1	9	2
1	7	5	9	2	8	6	3	4
2	9	6	3	1	4	5	8	7
7	2	1	6	5	9	3	4	8
9	6	3	8	4	2	7	5	1
4	5	8	1	7	3	2	6	9

51

7	4	6	9	5	1	2	3	8
1	2	5	8	4	3	9	7	6
3	8	9	2	7	6	5	4	1
2	7	1	5	3	9	8	6	4
6	9	8	4	1	7	3	5	2
4	5	3	6	2	8	1	9	7
9	6	7	3	8	2	4	1	5
8	1	4	7	9	5	6	2	3
5	3	2	1	6	4	7	8	9

52

4	2	6	9	1	8	5	3	7
1	7	8	3	4	5	2	9	6
9	3	5	7	2	6	1	4	8
5	1	3	6	8	9	7	2	4
2	6	9	4	7	3	8	5	1
8	4	7	1	5	2	9	6	3
7	9	1	2	3	4	6	8	5
6	8	4	5	9	1	3	7	2
3	5	2	8	6	7	4	1	9

53

3	6	7	4	9	1	2	8	5
9	1	5	2	8	3	4	7	6
2	4	8	5	6	7	1	9	3
5	7	9	3	1	2	8	6	4
1	2	3	6	4	8	9	5	7
4	8	6	7	5	9	3	1	2
8	3	2	1	7	6	5	4	9
6	5	1	9	2	4	7	3	8
7	9	4	8	3	5	6	2	1

54

9	3	6	1	2	8	4	7	5
7	4	2	6	3	5	9	1	8
5	8	1	7	9	4	2	3	6
4	7	3	9	6	2	5	8	1
1	5	9	8	4	7	3	6	2
6	2	8	3	5	1	7	9	4
2	6	7	5	1	9	8	4	3
3	9	4	2	8	6	1	5	7
8	1	5	4	7	3	6	2	9

55

4	8	9	7	5	1	2	6	3
3	7	2	9	6	4	5	1	8
1	5	6	3	8	2	9	4	7
7	1	4	6	9	5	8	3	2
9	3	5	1	2	8	6	7	4
6	2	8	4	7	3	1	9	5
8	4	1	2	3	6	7	5	9
5	6	7	8	4	9	3	2	1
2	9	3	5	1	7	4	8	6

56

3	1	2	8	5	4	7	6	9
9	5	6	2	7	3	8	4	1
8	4	7	9	1	6	5	2	3
6	8	5	7	3	1	2	9	4
7	9	1	4	2	8	3	5	6
4	2	3	6	9	5	1	8	7
2	7	8	3	4	9	6	1	5
1	6	4	5	8	7	9	3	2
5	3	9	1	6	2	4	7	8

2	9	8	3	1	6	4	5	7
5	4	6	7	2	9	1	8	3
3	1	7	5	4	8	6	2	9
8	5	9	2	6	7	3	1	4
7	6	1	8	3	4	5	9	2
4	2	3	1	9	5	8	7	6
6	8	4	9	5	2	7	3	1
1	7	2	4	8	3	9	6	5
9	3	5	6	7	1	2	4	8

4	3	8	1	5	6	2	9	7
2	7	1	9	8	3	5	6	4
6	9	5	7	4	2	8	3	1
5	4	3	6	9	8	7	1	2
7	2	6	4	3	1	9	5	8
8	1	9	5	2	7	3	4	6
9	5	2	8	1	4	6	7	3
3	6	4	2	7	5	1	8	9
1	8	7	3	6	9	4	2	5

59

3	8	2	7	9	4	5	6	1
4	6	9	2	5	1	8	7	3
5	1	7	3	8	6	9	2	4
6	3	4	9	2	7	1	5	8
1	7	8	4	3	5	2	9	6
2	9	5	6	1	8	3	4	7
7	2	1	8	6	9	4	3	5
9	5	6	1	4	3	7	8	2
8	4	3	5	7	2	6	1	9

60

8	5	7	2	1	3	6	4	9
3	9	1	4	5	6	8	2	7
4	6	2	9	8	7	3	5	1
9	8	3	1	6	2	4	7	5
5	1	4	7	9	8	2	6	3
2	7	6	5	3	4	1	9	8
7	3	8	6	4	5	9	1	2
1	4	5	8	2	9	7	3	6
6	2	9	3	7	1	5	8	4

61

8	6	1	7	4	5	3	2	9
4	9	2	8	3	1	5	6	7
5	7	3	9	2	6	1	8	4
9	8	5	2	6	7	4	1	3
3	2	4	1	8	9	6	7	5
6	1	7	4	5	3	8	9	2
2	5	9	6	1	4	7	3	8
7	4	6	3	9	8	2	5	1
1	3	8	5	7	2	9	4	6

62

9	6	3	1	4	7	8	5	2
8	4	7	5	2	3	6	9	1
5	1	2	9	6	8	7	3	4
1	9	4	6	8	2	3	7	5
2	8	6	3	7	5	4	1	9
7	3	5	4	1	9	2	8	6
6	2	8	7	5	1	9	4	3
4	5	9	8	3	6	1	2	7
3	7	1	2	9	4	5	6	8

63

5	6	2	3	4	9	1	8	7
4	3	9	1	8	7	2	6	5
8	7	1	5	6	2	3	4	9
9	1	7	6	3	4	8	5	2
6	2	5	8	9	1	4	7	3
3	4	8	2	7	5	6	9	1
1	5	4	7	2	6	9	3	8
2	9	3	4	5	8	7	1	6
7	8	6	9	1	3	5	2	4

64

3	1	8	5	2	4	6	9	7
6	5	2	7	3	9	1	4	8
4	7	9	1	6	8	3	5	2
9	2	3	6	7	5	8	1	4
7	8	6	4	1	2	9	3	5
1	4	5	9	8	3	2	7	6
8	3	1	2	5	7	4	6	9
5	6	4	8	9	1	7	2	3
2	9	7	3	4	6	5	8	1

5	7	9	2	1	3	4	6	8
8	2	4	7	5	6	9	3	1
6	3	1	4	9	8	2	7	5
2	1	8	3	7	4	6	5	9
3	4	6	5	8	9	1	2	7
9	5	7	6	2	1	3	8	4
1	9	5	8	6	2	7	4	3
7	6	3	1	4	5	8	9	2
4	8	2	9	3	7	5	1	6

8	5	7	6	4	1	9	3	2
9	6	2	3	8	5	1	7	4
3	1	4	9	7	2	6	5	8
7	2	5	4	6	8	3	9	1
6	3	8	7	1	9	2	4	5
1	4	9	2	5	3	8	6	7
2	8	6	5	9	7	4	1	3
5	9	3	1	2	4	7	8	6
4	7	1	8	3	6	5	2	9

67

1	3	5	6	7	4	8	2	9
2	7	8	9	3	1	5	6	4
9	6	4	5	8	2	3	7	1
6	2	9	3	4	7	1	5	8
3	4	1	2	5	8	7	9	6
5	8	7	1	9	6	4	3	2
7	9	6	4	1	5	2	8	3
4	5	3	8	2	9	6	1	7
8	1	2	7	6	3	9	4	5

68

2	3	8	4	5	6	1	9	7
5	1	7	9	3	8	4	2	6
4	9	6	7	1	2	8	3	5
3	8	4	2	9	5	6	7	1
1	6	9	8	7	3	2	5	4
7	5	2	1	6	4	3	8	9
8	2	5	6	4	9	7	1	3
9	4	1	3	2	7	5	6	8
6	7	3	5	8	1	9	4	2

69

3	8	6	1	5	2	9	4	7
7	1	4	8	9	6	2	5	3
5	2	9	7	4	3	6	8	1
2	9	5	6	8	7	1	3	4
1	7	8	2	3	4	5	6	9
4	6	3	5	1	9	8	7	2
6	3	7	9	2	5	4	1	8
8	5	2	4	7	1	3	9	6
9	4	1	3	6	8	7	2	5

70

4	9	1	2	6	8	7	5	3
7	2	8	3	1	5	4	6	9
3	5	6	4	9	7	2	8	1
2	6	4	9	7	3	8	1	5
5	7	3	8	4	1	9	2	6
8	1	9	6	5	2	3	7	4
9	4	7	1	2	6	5	3	8
6	8	2	5	3	4	1	9	7
1	3	5	7	8	9	6	4	2

71

8	6	1	3	9	7	2	4	5
5	3	9	2	8	4	1	6	7
2	7	4	6	5	1	8	9	3
3	1	5	7	2	9	6	8	4
7	9	6	5	4	8	3	2	1
4	8	2	1	3	6	5	7	9
9	2	8	4	1	5	7	3	6
1	4	7	8	6	3	9	5	2
6	5	3	9	7	2	4	1	8

72

2	7	4	9	8	5	1	6	3
1	5	8	6	3	4	7	9	2
9	3	6	2	7	1	4	8	5
6	4	1	3	5	9	8	2	7
3	2	9	8	4	7	5	1	6
5	8	7	1	2	6	9	3	4
4	6	3	7	1	8	2	5	9
7	1	2	5	9	3	6	4	8
8	9	5	4	6	2	3	7	1

Solutions

73

7	6	3	9	8	4	5	1	2
4	2	8	5	3	1	9	6	7
5	1	9	6	2	7	3	4	8
8	5	1	7	6	9	2	3	4
9	3	4	1	5	2	8	7	6
2	7	6	3	4	8	1	9	5
1	8	2	4	9	6	7	5	3
6	9	5	2	7	3	4	8	1
3	4	7	8	1	5	6	2	9

74

4	9	1	7	6	3	2	8	5
8	6	2	4	5	1	3	7	9
5	3	7	2	9	8	4	1	6
2	5	9	8	3	6	7	4	1
6	7	8	1	2	4	5	9	3
1	4	3	9	7	5	6	2	8
9	1	5	3	4	7	8	6	2
3	2	4	6	8	9	1	5	7
7	8	6	5	1	2	9	3	4

75

3	9	1	2	7	4	6	5	8
8	7	6	5	3	9	1	2	4
5	4	2	1	6	8	9	3	7
9	6	5	4	2	7	8	1	3
4	8	7	9	1	3	2	6	5
1	2	3	6	8	5	7	4	9
7	1	8	3	5	2	4	9	6
6	3	9	7	4	1	5	8	2
2	5	4	8	9	6	3	7	1

76

9	2	8	3	6	7	4	1	5
4	3	1	2	9	5	6	8	7
6	7	5	1	8	4	3	2	9
1	9	3	8	4	2	5	7	6
8	5	4	6	7	9	1	3	2
7	6	2	5	3	1	8	9	4
3	4	7	9	5	8	2	6	1
2	8	9	4	1	6	7	5	3
5	1	6	7	2	3	9	4	8

9	5	7	4	8	6	3	1	2
1	3	4	2	7	9	8	5	6
8	2	6	3	1	5	7	9	4
3	6	8	7	9	1	2	4	5
4	7	5	6	2	3	9	8	1
2	9	1	5	4	8	6	3	7
7	8	2	1	3	4	5	6	9
5	1	3	9	6	2	4	7	8
6	4	9	8	5	7	1	2	3

6	7	9	1	5	8	4	2	3
5	8	3	7	4	2	9	6	1
1	4	2	9	6	3	8	5	7
3	9	7	2	1	6	5	4	8
4	6	8	3	7	5	2	1	9
2	5	1	4	8	9	3	7	6
8	2	4	6	9	7	1	3	5
9	1	6	5	3	4	7	8	2
7	3	5	8	2	1	6	9	4

79

7	8	9	2	5	3	6	1	4
2	3	4	6	1	9	8	7	5
5	6	1	8	7	4	9	3	2
9	7	5	3	4	6	2	8	1
3	1	2	5	8	7	4	6	9
8	4	6	9	2	1	3	5	7
1	2	7	4	6	8	5	9	3
4	9	8	1	3	5	7	2	6
6	5	3	7	9	2	1	4	8

80

8	1	2	5	6	7	3	4	9
7	5	9	1	3	4	8	6	2
3	6	4	2	9	8	5	1	7
9	7	3	4	8	6	1	2	5
5	4	1	9	2	3	7	8	6
6	2	8	7	1	5	4	9	3
4	8	5	6	7	9	2	3	1
2	3	6	8	5	1	9	7	4
1	9	7	3	4	2	6	5	8

81

2	7	5	9	4	6	1	8	3
4	1	3	7	8	5	9	6	2
6	9	8	2	3	1	7	4	5
9	3	7	4	1	2	8	5	6
1	8	4	5	6	9	2	3	7
5	6	2	8	7	3	4	9	1
3	5	9	1	2	4	6	7	8
8	4	1	6	5	7	3	2	9
7	2	6	3	9	8	5	1	4

82

9	5	4	2	7	1	3	6	8
1	8	2	6	3	9	7	5	4
6	7	3	5	8	4	1	2	9
5	2	9	1	4	8	6	3	7
3	6	8	9	2	7	5	4	1
7	4	1	3	5	6	8	9	2
8	3	5	4	1	2	9	7	6
4	1	6	7	9	3	2	8	5
2	9	7	8	6	5	4	1	3

83

1	7	6	5	4	8	2	3	9
9	3	8	6	2	7	5	4	1
2	4	5	9	1	3	6	8	7
5	1	2	7	8	6	3	9	4
6	9	3	1	5	4	7	2	8
4	8	7	2	3	9	1	5	6
3	2	9	8	6	1	4	7	5
8	5	1	4	7	2	9	6	3
7	6	4	3	9	5	8	1	2

84

5	8	9	3	2	6	7	4	1
3	4	1	9	7	8	6	2	5
7	2	6	1	4	5	8	9	3
2	5	4	8	9	7	3	1	6
9	6	7	5	3	1	4	8	2
1	3	8	4	6	2	9	5	7
4	9	2	7	1	3	5	6	8
6	7	5	2	8	4	1	3	9
8	1	3	6	5	9	2	7	4

6	9	5	4	1	8	7	3	2
1	3	2	9	7	5	6	4	8
8	7	4	2	6	3	1	9	5
4	8	6	3	9	1	5	2	7
3	5	9	7	8	2	4	1	6
2	1	7	5	4	6	3	8	9
9	4	3	6	2	7	8	5	1
5	6	1	8	3	9	2	7	4
7	2	8	1	5	4	9	6	3

4	1	8	6	9	5	2	3	7
7	6	5	8	2	3	1	9	4
3	2	9	1	7	4	6	8	5
9	8	2	4	5	1	3	7	6
5	3	7	9	6	8	4	2	1
1	4	6	2	3	7	9	5	8
2	9	4	7	8	6	5	1	3
8	5	1	3	4	2	7	6	9
6	7	3	5	1	9	8	4	2

87

5	6	9	3	7	4	1	8	2
7	4	8	5	2	1	9	3	6
2	1	3	6	9	8	4	5	7
9	3	5	4	1	2	7	6	8
1	7	6	9	8	5	3	2	4
8	2	4	7	3	6	5	9	1
6	5	1	8	4	9	2	7	3
3	8	2	1	5	7	6	4	9
4	9	7	2	6	3	8	1	5

88

9	7	2	1	4	6	3	8	5
5	8	6	7	2	3	1	4	9
3	1	4	5	8	9	6	7	2
6	3	1	2	5	4	8	9	7
7	2	5	9	6	8	4	1	3
8	4	9	3	7	1	5	2	6
1	9	7	4	3	5	2	6	8
2	6	3	8	1	7	9	5	4
4	5	8	6	9	2	7	3	1

89

3	2	5	4	8	6	1	9	7
8	9	4	7	2	1	6	3	5
7	1	6	3	5	9	4	2	8
9	6	8	5	7	3	2	1	4
5	3	2	1	6	4	7	8	9
1	4	7	8	9	2	3	5	6
2	7	9	6	1	8	5	4	3
6	8	3	2	4	5	9	7	1
4	5	1	9	3	7	8	6	2

90

3	5	1	9	2	7	4	6	8
4	8	2	1	6	3	7	5	9
7	9	6	4	5	8	1	2	3
9	1	7	5	3	4	2	8	6
8	4	5	2	9	6	3	1	7
6	2	3	8	7	1	9	4	5
1	3	4	7	8	5	6	9	2
5	6	9	3	1	2	8	7	4
2	7	8	6	4	9	5	3	1

91

1	6	3	7	8	5	2	4	9
7	2	5	6	9	4	1	8	3
8	4	9	2	3	1	5	7	6
2	5	7	8	1	6	3	9	4
3	8	1	4	5	9	7	6	2
6	9	4	3	7	2	8	1	5
4	7	2	5	6	8	9	3	1
9	3	6	1	2	7	4	5	8
5	1	8	9	4	3	6	2	7

92

6	9	7	1	8	2	3	5	4
3	2	8	4	6	5	7	1	9
1	5	4	7	3	9	8	2	6
4	6	2	9	1	7	5	3	8
8	7	5	3	4	6	1	9	2
9	3	1	2	5	8	4	6	7
5	8	9	6	7	3	2	4	1
7	1	6	5	2	4	9	8	3
2	4	3	8	9	1	6	7	5

93

2	6	1	5	9	8	7	4	3
5	4	7	2	1	3	9	6	8
9	8	3	4	7	6	2	5	1
1	3	9	7	8	5	4	2	6
6	5	8	1	2	4	3	9	7
7	2	4	6	3	9	8	1	5
4	7	2	3	5	1	6	8	9
8	1	6	9	4	7	5	3	2
3	9	5	8	6	2	1	7	4

94

3	8	5	9	6	7	2	1	4
4	6	1	3	2	5	7	9	8
7	9	2	1	4	8	3	5	6
9	2	6	4	8	3	1	7	5
1	7	8	5	9	2	4	6	3
5	3	4	6	7	1	8	2	9
2	5	3	8	1	9	6	4	7
6	1	9	7	3	4	5	8	2
8	4	7	2	5	6	9	3	1

95

4	5	1	9	8	2	7	3	6
2	7	3	4	6	5	9	8	1
9	6	8	1	3	7	4	2	5
3	1	9	5	2	4	8	6	7
8	4	6	3	7	1	2	5	9
7	2	5	6	9	8	3	1	4
1	3	2	7	4	6	5	9	8
6	8	4	2	5	9	1	7	3
5	9	7	8	1	3	6	4	2

96

9	1	3	8	7	4	5	6	2
6	7	4	2	9	5	3	1	8
5	8	2	1	6	3	7	9	4
3	9	8	7	1	6	4	2	5
7	4	6	9	5	2	1	8	3
1	2	5	3	4	8	6	7	9
4	5	9	6	2	7	8	3	1
8	6	1	5	3	9	2	4	7
2	3	7	4	8	1	9	5	6

5	6	3	2	8	9	4	7	1
9	2	4	7	5	1	3	8	6
8	1	7	4	3	6	9	5	2
1	3	6	9	7	4	8	2	5
2	7	9	5	1	8	6	4	3
4	8	5	6	2	3	7	1	9
6	9	2	8	4	5	1	3	7
3	5	8	1	6	7	2	9	4
7	4	1	3	9	2	5	6	8

9	2	3	4	7	5	8	1	6
1	7	4	6	9	8	2	5	3
5	6	8	1	3	2	4	7	9
8	4	7	2	6	3	5	9	1
3	1	5	8	4	9	7	6	2
2	9	6	5	1	7	3	4	8
4	3	9	7	8	1	6	2	5
6	8	2	9	5	4	1	3	7
7	5	1	3	2	6	9	8	4

99

3	8	1	6	5	4	7	9	2
9	5	4	1	7	2	6	8	3
2	6	7	3	9	8	1	5	4
4	7	6	9	1	5	3	2	8
8	3	5	2	4	7	9	1	6
1	2	9	8	6	3	4	7	5
7	1	3	5	8	6	2	4	9
6	4	8	7	2	9	5	3	1
5	9	2	4	3	1	8	6	7

100

9	8	3	4	7	1	5	6	2
4	5	2	3	9	6	1	7	8
7	6	1	5	2	8	9	3	4
2	7	9	8	6	3	4	1	5
1	4	6	9	5	2	7	8	3
5	3	8	1	4	7	6	2	9
6	1	4	2	8	5	3	9	7
3	2	5	7	1	9	8	4	6
8	9	7	6	3	4	2	5	1

101

8	7	5	9	4	6	1	3	2
1	9	6	8	3	2	7	5	4
2	3	4	7	1	5	8	6	9
5	2	9	3	7	8	4	1	6
3	6	8	1	5	4	9	2	7
7	4	1	2	6	9	5	8	3
4	1	7	6	8	3	2	9	5
6	8	2	5	9	7	3	4	1
9	5	3	4	2	1	6	7	8

102

8	5	2	7	3	1	9	6	4
3	7	9	6	4	8	1	5	2
6	1	4	2	9	5	3	7	8
1	2	3	4	8	7	6	9	5
9	6	7	5	2	3	4	8	1
4	8	5	1	6	9	7	2	3
5	9	6	3	1	2	8	4	7
2	4	1	8	7	6	5	3	9
7	3	8	9	5	4	2	1	6

103

5	4	6	7	8	1	2	3	9
9	3	2	4	6	5	7	8	1
8	7	1	3	2	9	6	4	5
3	2	9	6	5	8	4	1	7
4	1	8	9	7	2	3	5	6
6	5	7	1	3	4	9	2	8
1	8	3	2	9	7	5	6	4
2	9	4	5	1	6	8	7	3
7	6	5	8	4	3	1	9	2

104

4	1	9	8	2	3	5	7	6
2	7	5	6	9	4	8	3	1
3	6	8	7	5	1	2	4	9
8	2	4	1	7	6	3	9	5
5	3	1	9	8	2	4	6	7
6	9	7	3	4	5	1	8	2
1	8	3	5	6	9	7	2	4
7	4	6	2	1	8	9	5	3
9	5	2	4	3	7	6	1	8

105

1	3	6	9	7	5	8	4	2
7	5	2	8	4	6	1	3	9
8	9	4	2	3	1	6	7	5
4	6	1	5	2	7	3	9	8
5	8	3	6	9	4	7	2	1
9	2	7	1	8	3	5	6	4
3	1	8	4	6	9	2	5	7
2	7	9	3	5	8	4	1	6
6	4	5	7	1	2	9	8	3

106

1	2	9	6	5	8	4	3	7
4	5	3	9	7	1	6	8	2
8	6	7	3	2	4	1	9	5
6	4	2	5	8	9	7	1	3
9	1	5	7	3	2	8	6	4
3	7	8	4	1	6	2	5	9
5	8	4	1	9	7	3	2	6
2	3	6	8	4	5	9	7	1
7	9	1	2	6	3	5	4	8

107

6	2	4	5	7	9	3	8	1
9	3	7	2	8	1	4	6	5
8	5	1	4	3	6	7	2	9
2	7	6	3	9	5	8	1	4
1	4	3	8	6	2	9	5	7
5	9	8	1	4	7	6	3	2
3	6	2	7	5	4	1	9	8
4	1	9	6	2	8	5	7	3
7	8	5	9	1	3	2	4	6

108

5	7	9	2	8	4	3	6	1
8	1	6	5	3	9	4	7	2
2	4	3	7	1	6	5	8	9
7	5	1	4	2	8	9	3	6
6	9	2	3	5	1	7	4	8
4	3	8	6	9	7	1	2	5
1	2	7	9	6	3	8	5	4
3	8	5	1	4	2	6	9	7
9	6	4	8	7	5	2	1	3

109

6	4	7	5	9	2	1	3	8
8	2	9	3	1	7	6	4	5
3	5	1	4	6	8	2	7	9
4	3	2	8	7	1	9	5	6
9	7	6	2	5	3	4	8	1
5	1	8	9	4	6	7	2	3
1	8	4	7	3	9	5	6	2
2	6	5	1	8	4	3	9	7
7	9	3	6	2	5	8	1	4

110

1	2	4	7	3	6	8	9	5
7	8	5	1	4	9	6	3	2
9	6	3	8	2	5	1	7	4
2	5	7	3	6	4	9	1	8
8	3	6	2	9	1	5	4	7
4	9	1	5	7	8	3	2	6
5	1	2	4	8	3	7	6	9
3	7	9	6	5	2	4	8	1
6	4	8	9	1	7	2	5	3

111

6	4	8	2	5	9	3	1	7
1	9	3	7	8	6	2	4	5
5	2	7	4	1	3	9	6	8
9	5	1	3	2	4	8	7	6
8	6	2	5	7	1	4	9	3
7	3	4	6	9	8	5	2	1
2	8	6	9	3	7	1	5	4
4	1	5	8	6	2	7	3	9
3	7	9	1	4	5	6	8	2

112

9	5	2	3	7	8	1	6	4
1	3	6	5	4	2	8	9	7
4	8	7	9	1	6	5	2	3
7	9	5	2	3	1	6	4	8
3	4	1	6	8	5	9	7	2
2	6	8	7	9	4	3	5	1
5	7	3	8	2	9	4	1	6
6	2	4	1	5	3	7	8	9
8	1	9	4	6	7	2	3	5

113

2	5	6	9	7	8	1	3	4
4	9	8	2	1	3	7	6	5
1	7	3	6	5	4	2	9	8
5	3	2	8	4	1	6	7	9
8	4	1	7	9	6	5	2	3
9	6	7	5	3	2	4	8	1
3	8	5	4	2	7	9	1	6
7	1	4	3	6	9	8	5	2
6	2	9	1	8	5	3	4	7

114

7	9	8	6	2	5	3	1	4
4	5	6	1	3	8	9	7	2
2	3	1	4	9	7	5	6	8
3	8	4	2	7	6	1	9	5
6	1	2	9	5	4	7	8	3
9	7	5	8	1	3	4	2	6
5	2	3	7	6	9	8	4	1
8	6	9	3	4	1	2	5	7
1	4	7	5	8	2	6	3	9

115

4	9	7	8	3	1	5	6	2
5	3	1	2	6	9	7	4	8
8	6	2	7	5	4	9	3	1
6	2	5	1	9	7	3	8	4
9	4	3	5	2	8	1	7	6
7	1	8	3	4	6	2	9	5
2	8	9	6	1	3	4	5	7
1	7	4	9	8	5	6	2	3
3	5	6	4	7	2	8	1	9

116

3	5	2	4	9	1	7	8	6
6	1	9	8	2	7	3	4	5
8	7	4	5	3	6	1	2	9
7	8	6	2	1	3	5	9	4
9	3	5	7	6	4	8	1	2
4	2	1	9	8	5	6	3	7
5	6	3	1	4	9	2	7	8
1	4	8	6	7	2	9	5	3
2	9	7	3	5	8	4	6	1

117

3	7	1	2	9	4	8	5	6
6	2	4	3	5	8	9	1	7
5	8	9	1	7	6	2	3	4
4	9	7	8	6	3	5	2	1
8	3	6	5	1	2	7	4	9
2	1	5	9	4	7	6	8	3
9	6	8	4	2	1	3	7	5
1	5	3	7	8	9	4	6	2
7	4	2	6	3	5	1	9	8

118

1	2	5	4	8	7	9	3	6
4	7	3	5	9	6	2	8	1
6	8	9	3	1	2	4	5	7
9	4	6	8	7	3	1	2	5
2	5	1	9	6	4	3	7	8
8	3	7	2	5	1	6	4	9
7	9	4	6	3	8	5	1	2
3	6	8	1	2	5	7	9	4
5	1	2	7	4	9	8	6	3

119

1	9	2	7	3	8	6	5	4
3	8	5	4	1	6	2	7	9
4	7	6	5	9	2	3	8	1
5	2	7	1	6	9	8	4	3
9	3	1	8	5	4	7	2	6
6	4	8	3	2	7	9	1	5
2	1	3	6	8	5	4	9	7
8	5	4	9	7	3	1	6	2
7	6	9	2	4	1	5	3	8

120

2	4	1	7	6	5	9	3	8
9	7	8	3	1	2	4	6	5
3	6	5	9	8	4	1	7	2
4	2	9	8	7	6	5	1	3
1	8	6	5	9	3	7	2	4
7	5	3	4	2	1	8	9	6
6	3	7	1	5	8	2	4	9
5	1	2	6	4	9	3	8	7
8	9	4	2	3	7	6	5	1

121

9	1	3	8	6	2	7	4	5
7	5	6	3	4	1	8	2	9
2	4	8	5	9	7	3	1	6
6	2	4	9	7	5	1	8	3
5	7	9	1	8	3	4	6	2
8	3	1	6	2	4	5	9	7
1	8	2	7	5	6	9	3	4
3	6	7	4	1	9	2	5	8
4	9	5	2	3	8	6	7	1

122

9	7	4	1	2	3	6	8	5
5	2	1	4	8	6	9	3	7
6	8	3	9	5	7	1	2	4
8	1	2	6	4	9	7	5	3
7	6	5	2	3	8	4	9	1
4	3	9	7	1	5	2	6	8
2	9	8	3	7	4	5	1	6
1	5	7	8	6	2	3	4	9
3	4	6	5	9	1	8	7	2

123

2	4	7	5	6	9	1	3	8
3	9	5	2	1	8	6	4	7
6	1	8	3	7	4	2	5	9
7	5	3	4	8	1	9	2	6
9	8	4	7	2	6	3	1	5
1	2	6	9	3	5	7	8	4
4	7	9	1	5	2	8	6	3
8	3	2	6	4	7	5	9	1
5	6	1	8	9	3	4	7	2

124

7	5	4	8	1	9	6	3	2
6	9	8	2	7	3	1	5	4
1	2	3	6	4	5	9	7	8
5	4	6	1	3	2	8	9	7
8	3	1	9	6	7	4	2	5
9	7	2	4	5	8	3	6	1
2	6	7	3	8	1	5	4	9
3	8	5	7	9	4	2	1	6
4	1	9	5	2	6	7	8	3

125

8	6	7	9	2	3	1	5	4
1	5	4	7	6	8	9	3	2
2	9	3	1	4	5	6	7	8
9	7	5	3	8	1	2	4	6
6	4	8	5	9	2	3	1	7
3	2	1	4	7	6	8	9	5
7	8	9	6	3	4	5	2	1
4	1	2	8	5	9	7	6	3
5	3	6	2	1	7	4	8	9

126

1	5	3	8	7	6	2	9	4
2	9	8	4	5	3	1	7	6
7	4	6	2	1	9	3	5	8
5	2	7	3	6	8	4	1	9
8	6	4	5	9	1	7	3	2
3	1	9	7	2	4	6	8	5
9	3	5	6	4	7	8	2	1
4	8	2	1	3	5	9	6	7
6	7	1	9	8	2	5	4	3

127

2	8	4	5	7	1	3	6	9
7	5	9	6	3	2	1	4	8
6	1	3	4	8	9	2	7	5
8	7	1	9	5	6	4	3	2
3	4	5	2	1	8	7	9	6
9	2	6	3	4	7	5	8	1
1	6	8	7	2	3	9	5	4
4	9	7	1	6	5	8	2	3
5	3	2	8	9	4	6	1	7

128

9	2	8	1	6	7	5	4	3
7	3	5	2	9	4	6	1	8
6	1	4	3	5	8	7	9	2
1	8	6	7	2	5	9	3	4
5	4	7	9	3	1	2	8	6
2	9	3	8	4	6	1	7	5
4	7	1	6	8	2	3	5	9
3	5	2	4	7	9	8	6	1
8	6	9	5	1	3	4	2	7

129

3	1	8	7	6	9	2	5	4
4	5	9	2	3	1	6	8	7
7	6	2	4	8	5	9	1	3
1	2	6	9	5	3	7	4	8
9	4	5	8	2	7	1	3	6
8	3	7	1	4	6	5	9	2
6	9	4	3	1	2	8	7	5
2	8	1	5	7	4	3	6	9
5	7	3	6	9	8	4	2	1

130

5	1	6	3	4	7	8	9	2
8	9	4	5	2	6	3	1	7
7	2	3	8	9	1	5	4	6
4	6	7	2	1	3	9	8	5
9	3	5	6	7	8	4	2	1
1	8	2	9	5	4	6	7	3
3	4	9	1	6	2	7	5	8
6	5	1	7	8	9	2	3	4
2	7	8	4	3	5	1	6	9

131

7	2	9	8	1	4	5	6	3
6	4	8	5	7	3	1	2	9
3	1	5	9	2	6	7	8	4
4	5	7	2	8	1	9	3	6
9	3	1	4	6	5	8	7	2
8	6	2	7	3	9	4	5	1
1	7	3	6	9	8	2	4	5
5	8	6	1	4	2	3	9	7
2	9	4	3	5	7	6	1	8

132

3	7	4	6	2	8	5	9	1
9	5	1	7	3	4	2	8	6
8	2	6	9	1	5	7	3	4
2	3	5	1	8	9	4	6	7
1	4	8	2	6	7	9	5	3
7	6	9	4	5	3	8	1	2
4	9	3	5	7	1	6	2	8
6	1	7	8	9	2	3	4	5
5	8	2	3	4	6	1	7	9

133

5	6	9	3	1	4	7	8	2
4	1	7	6	8	2	5	9	3
2	3	8	5	9	7	6	4	1
8	4	6	7	2	3	9	1	5
9	5	3	8	6	1	4	2	7
1	7	2	4	5	9	3	6	8
7	9	1	2	4	5	8	3	6
6	2	5	9	3	8	1	7	4
3	8	4	1	7	6	2	5	9

134

9	5	3	6	7	2	1	8	4
1	4	6	9	8	3	5	2	7
8	2	7	4	5	1	3	6	9
2	3	1	5	6	4	9	7	8
4	6	8	7	3	9	2	1	5
5	7	9	2	1	8	4	3	6
6	1	2	8	9	5	7	4	3
3	8	5	1	4	7	6	9	2
7	9	4	3	2	6	8	5	1

135

8	7	9	6	5	4	1	2	3
6	3	5	2	1	8	7	9	4
4	1	2	3	9	7	8	6	5
2	4	3	9	8	6	5	7	1
9	6	7	5	3	1	2	4	8
1	5	8	4	7	2	6	3	9
7	8	4	1	6	3	9	5	2
5	2	6	8	4	9	3	1	7
3	9	1	7	2	5	4	8	6

136

1	9	7	8	4	3	2	5	6
3	6	8	2	9	5	1	4	7
4	2	5	1	6	7	8	9	3
6	7	3	5	1	9	4	2	8
9	1	4	6	2	8	3	7	5
8	5	2	7	3	4	9	6	1
5	4	9	3	8	6	7	1	2
2	3	6	9	7	1	5	8	4
7	8	1	4	5	2	6	3	9

137

3	4	9	5	2	8	1	6	7
5	1	7	6	4	9	8	2	3
6	2	8	3	1	7	5	4	9
1	8	2	9	7	3	4	5	6
9	3	5	8	6	4	2	7	1
7	6	4	2	5	1	9	3	8
8	7	1	4	3	2	6	9	5
4	5	3	1	9	6	7	8	2
2	9	6	7	8	5	3	1	4

138

9	5	8	4	1	2	6	3	7
3	4	7	5	8	6	1	9	2
1	6	2	3	7	9	4	5	8
6	2	3	1	5	7	9	8	4
8	1	5	6	9	4	2	7	3
7	9	4	2	3	8	5	1	6
4	3	9	8	2	5	7	6	1
2	7	1	9	6	3	8	4	5
5	8	6	7	4	1	3	2	9

139

6	7	8	9	2	3	4	5	1
5	2	1	6	8	4	3	9	7
9	4	3	7	5	1	2	8	6
1	3	2	8	9	6	5	7	4
7	6	9	4	3	5	1	2	8
8	5	4	2	1	7	6	3	9
4	9	5	1	7	2	8	6	3
3	1	7	5	6	8	9	4	2
2	8	6	3	4	9	7	1	5

140

9	5	7	2	6	4	3	8	1
1	3	6	5	8	9	7	2	4
2	4	8	3	7	1	5	9	6
3	9	2	4	1	8	6	5	7
7	6	1	9	2	5	4	3	8
4	8	5	7	3	6	9	1	2
6	2	3	8	5	7	1	4	9
8	7	4	1	9	3	2	6	5
5	1	9	6	4	2	8	7	3

141

9	6	3	4	8	7	5	2	1
5	7	1	9	2	3	8	6	4
2	4	8	6	1	5	7	3	9
4	3	2	1	5	6	9	8	7
7	8	5	2	3	9	4	1	6
6	1	9	7	4	8	3	5	2
1	5	6	8	7	4	2	9	3
3	9	7	5	6	2	1	4	8
8	2	4	3	9	1	6	7	5

142

9	4	2	1	3	8	5	6	7
7	5	6	2	4	9	8	1	3
1	8	3	5	6	7	9	4	2
6	7	5	8	1	3	4	2	9
3	2	8	4	9	5	6	7	1
4	9	1	7	2	6	3	5	8
8	1	4	3	5	2	7	9	6
2	6	7	9	8	4	1	3	5
5	3	9	6	7	1	2	8	4

143

5	7	6	3	1	9	4	8	2
8	4	2	6	5	7	3	9	1
3	1	9	4	8	2	7	6	5
7	9	3	1	4	5	8	2	6
6	5	1	8	2	3	9	4	7
2	8	4	7	9	6	1	5	3
1	3	5	9	6	8	2	7	4
9	2	7	5	3	4	6	1	8
4	6	8	2	7	1	5	3	9

144

1	7	6	2	5	4	3	8	9
2	5	9	8	3	1	4	7	6
8	3	4	7	9	6	1	5	2
4	1	5	9	7	8	2	6	3
3	2	8	4	6	5	7	9	1
9	6	7	1	2	3	5	4	8
7	8	3	5	1	9	6	2	4
5	4	1	6	8	2	9	3	7
6	9	2	3	4	7	8	1	5

145

2	9	3	1	7	5	4	8	6
4	1	5	6	8	2	9	7	3
8	6	7	9	3	4	5	2	1
7	2	4	8	6	1	3	9	5
9	3	1	4	5	7	8	6	2
6	5	8	3	2	9	7	1	4
1	7	9	2	4	3	6	5	8
3	8	2	5	9	6	1	4	7
5	4	6	7	1	8	2	3	9

146

9	2	4	7	3	8	1	6	5
5	8	7	6	1	9	2	3	4
3	1	6	4	2	5	8	7	9
8	9	2	1	4	6	3	5	7
4	6	1	3	5	7	9	2	8
7	5	3	9	8	2	6	4	1
1	3	8	5	6	4	7	9	2
2	4	9	8	7	3	5	1	6
6	7	5	2	9	1	4	8	3

147

9	7	4	2	5	1	3	6	8
3	5	1	9	6	8	7	4	2
2	6	8	7	3	4	5	9	1
6	2	9	4	1	3	8	5	7
8	1	5	6	2	7	9	3	4
7	4	3	8	9	5	1	2	6
5	3	2	1	7	6	4	8	9
1	8	6	5	4	9	2	7	3
4	9	7	3	8	2	6	1	5

148

2	3	5	1	7	4	6	8	9
1	4	7	6	9	8	3	2	5
8	9	6	3	2	5	4	7	1
6	5	3	7	8	2	9	1	4
9	7	2	4	3	1	5	6	8
4	1	8	5	6	9	2	3	7
7	2	9	8	4	3	1	5	6
5	8	4	2	1	6	7	9	3
3	6	1	9	5	7	8	4	2

4	8	5	7	2	9	6	1	3
1	2	7	6	5	3	8	9	4
6	9	3	4	8	1	7	5	2
7	4	9	1	6	2	3	8	5
5	1	8	9	3	4	2	6	7
3	6	2	5	7	8	9	4	1
9	3	4	8	1	7	5	2	6
8	7	6	2	4	5	1	3	9
2	5	1	3	9	6	4	7	8

6	3	8	7	4	2	9	1	5
2	5	9	6	1	8	3	4	7
4	7	1	5	9	3	8	6	2
7	2	3	1	8	4	6	5	9
8	1	5	9	6	7	4	2	3
9	6	4	3	2	5	1	7	8
5	9	6	8	7	1	2	3	4
3	8	2	4	5	6	7	9	1
1	4	7	2	3	9	5	8	6

151

6	7	3	4	5	9	1	2	8
9	1	8	2	6	3	4	5	7
2	5	4	7	8	1	3	6	9
4	8	7	6	1	2	5	9	3
3	2	5	9	4	8	6	7	1
1	9	6	5	3	7	8	4	2
7	6	1	3	2	5	9	8	4
8	4	9	1	7	6	2	3	5
5	3	2	8	9	4	7	1	6

152

7	8	1	6	3	9	2	5	4
3	9	2	1	5	4	7	8	6
5	4	6	2	7	8	1	3	9
2	3	7	5	4	6	8	9	1
4	5	9	8	1	3	6	7	2
1	6	8	7	9	2	3	4	5
9	7	3	4	6	1	5	2	8
8	1	5	9	2	7	4	6	3
6	2	4	3	8	5	9	1	7

153

6	5	8	9	1	3	4	7	2
9	3	2	5	7	4	8	6	1
4	7	1	2	8	6	9	3	5
3	2	7	6	4	9	5	1	8
8	9	4	3	5	1	6	2	7
1	6	5	8	2	7	3	4	9
2	4	3	7	9	5	1	8	6
7	1	9	4	6	8	2	5	3
5	8	6	1	3	2	7	9	4

154

8	4	9	6	5	2	1	7	3
3	6	1	8	7	9	5	4	2
2	7	5	1	4	3	6	9	8
5	2	7	4	6	8	3	1	9
9	8	6	3	1	7	4	2	5
4	1	3	9	2	5	7	8	6
6	5	2	7	8	4	9	3	1
1	9	4	2	3	6	8	5	7
7	3	8	5	9	1	2	6	4

155

4	9	5	2	1	7	6	3	8
8	3	2	6	5	9	7	4	1
7	6	1	4	8	3	9	5	2
2	7	8	5	4	6	1	9	3
3	4	9	1	7	2	8	6	5
5	1	6	3	9	8	4	2	7
1	2	7	9	6	5	3	8	4
6	5	4	8	3	1	2	7	9
9	8	3	7	2	4	5	1	6

156

9	4	8	1	6	2	5	7	3
2	3	1	5	4	7	6	9	8
5	7	6	9	3	8	4	1	2
1	6	3	4	9	5	2	8	7
4	5	7	2	8	3	1	6	9
8	9	2	7	1	6	3	5	4
6	1	9	3	7	4	8	2	5
3	8	5	6	2	9	7	4	1
7	2	4	8	5	1	9	3	6

157

9	8	1	4	6	5	2	7	3
5	3	6	2	8	7	4	9	1
7	4	2	9	1	3	6	8	5
3	7	4	8	2	9	5	1	6
1	2	5	3	7	6	8	4	9
8	6	9	5	4	1	3	2	7
2	1	7	6	3	8	9	5	4
4	9	3	1	5	2	7	6	8
6	5	8	7	9	4	1	3	2

158

4	2	7	6	8	9	3	5	1
6	8	9	3	1	5	4	7	2
3	1	5	4	7	2	6	9	8
8	5	3	2	4	7	9	1	6
7	4	6	5	9	1	8	2	3
2	9	1	8	3	6	5	4	7
9	3	2	7	5	8	1	6	4
1	6	4	9	2	3	7	8	5
5	7	8	1	6	4	2	3	9

159

3	9	5	7	6	4	2	8	1
2	6	4	3	1	8	5	9	7
7	1	8	9	5	2	6	4	3
8	2	1	6	4	3	9	7	5
6	5	9	1	2	7	8	3	4
4	3	7	5	8	9	1	6	2
1	7	6	4	9	5	3	2	8
9	4	2	8	3	1	7	5	6
5	8	3	2	7	6	4	1	9

160

7	5	9	1	8	2	3	4	6
4	2	3	5	6	7	1	8	9
6	8	1	4	3	9	2	7	5
9	4	8	6	5	3	7	1	2
1	7	6	2	4	8	5	9	3
2	3	5	7	9	1	4	6	8
3	6	4	9	7	5	8	2	1
8	9	2	3	1	4	6	5	7
5	1	7	8	2	6	9	3	4

161

1	2	7	11	4	10	3	5	9	8	6	12
10	9	5	8	11	1	6	12	2	4	3	7
4	6	3	12	2	7	8	9	10	11	5	1
5	11	9	10	8	2	7	6	3	1	12	4
8	4	12	6	10	3	1	11	7	5	2	9
7	1	2	3	12	5	9	4	6	10	8	11
2	8	10	4	5	11	12	7	1	3	9	6
12	5	6	1	9	8	10	3	4	7	11	2
9	3	11	7	1	6	4	2	8	12	10	5
3	10	4	2	6	12	5	1	11	9	7	8
6	7	1	5	3	9	11	8	12	2	4	10
11	12	8	9	7	4	2	10	5	6	1	3

162

2	1	7	12	8	11	9	10	5	4	6	3
3	10	9	6	7	5	1	4	2	11	12	8
8	5	11	4	12	6	3	2	7	1	9	10
12	2	6	10	11	1	4	3	8	9	5	7
5	11	4	3	9	12	8	7	1	6	10	2
1	7	8	9	5	2	10	6	11	12	3	4
6	8	12	11	4	3	5	1	10	7	2	9
10	9	2	5	6	7	12	8	4	3	11	1
4	3	1	7	2	10	11	9	6	5	8	12
11	4	5	1	10	9	2	12	3	8	7	6
9	6	10	8	3	4	7	11	12	2	1	5
7	12	3	2	1	8	6	5	9	10	4	11

163

7	1	4	11	10	5	3	12	9	6	8	2
5	10	8	6	9	11	2	7	12	4	1	3
2	9	3	12	6	8	4	1	5	10	11	7
11	6	10	1	7	2	8	3	4	12	9	5
3	7	5	9	4	10	12	6	8	1	2	11
4	8	12	2	5	1	9	11	6	3	7	10
8	12	2	7	1	4	10	9	3	11	5	6
6	5	1	3	12	7	11	2	10	9	4	8
9	4	11	10	8	3	6	5	2	7	12	1
12	2	9	5	11	6	1	10	7	8	3	4
1	3	6	8	2	9	7	4	11	5	10	12
10	11	7	4	3	12	5	8	1	2	6	9

164

1	7	6	2	12	5	3	4	9	8	11	10
9	12	8	11	1	10	2	6	7	4	5	3
5	4	10	3	7	8	9	11	2	6	1	12
6	1	4	8	2	7	10	9	11	12	3	5
3	5	9	12	11	6	4	8	10	1	2	7
11	10	2	7	5	12	1	3	4	9	8	6
2	11	12	1	3	9	7	5	6	10	4	8
4	8	7	5	6	2	12	10	1	3	9	11
10	9	3	6	4	11	8	1	5	7	12	2
7	6	1	4	8	3	11	2	12	5	10	9
12	3	11	10	9	4	5	7	8	2	6	1
8	2	5	9	10	1	6	12	3	11	7	4

165

12	7	5	9	10	11	8	3	1	4	2	6
6	8	2	3	1	4	9	7	11	5	10	12
11	10	4	1	2	6	12	5	3	7	9	8
10	9	8	12	3	1	11	2	4	6	5	7
3	1	7	4	6	10	5	8	9	11	12	2
2	11	6	5	4	12	7	9	10	3	8	1
5	3	9	2	8	7	1	4	12	10	6	11
4	12	11	8	9	5	10	6	2	1	7	3
1	6	10	7	11	2	3	12	8	9	4	5
7	4	12	10	5	3	2	1	6	8	11	9
9	5	1	6	12	8	4	11	7	2	3	10
8	2	3	11	7	9	6	10	5	12	1	4

166

11	6	12	2	9	7	10	5	1	3	4	8
7	3	1	8	11	4	2	12	6	10	5	9
10	9	4	5	3	1	8	6	7	12	2	11
4	12	11	6	8	10	9	2	5	7	3	1
8	10	9	7	1	11	5	3	12	4	6	2
5	1	2	3	12	6	4	7	8	9	11	10
9	2	6	12	7	5	1	10	3	11	8	4
3	8	7	11	4	2	12	9	10	5	1	6
1	4	5	10	6	3	11	8	9	2	12	7
6	11	10	4	5	9	3	1	2	8	7	12
12	7	3	9	2	8	6	11	4	1	10	5
2	5	8	1	10	12	7	4	11	6	9	3

167

7	10	8	11	6	12	9	2	1	3	4	5
2	4	3	9	11	5	10	1	6	7	12	8
1	5	12	6	8	3	7	4	11	9	2	10
5	6	11	1	7	2	3	8	10	4	9	12
9	2	10	7	1	4	6	12	5	11	8	3
12	8	4	3	5	10	11	9	7	2	6	1
3	1	6	4	2	11	5	7	12	8	10	9
8	12	7	2	10	9	4	6	3	5	1	11
11	9	5	10	12	8	1	3	2	6	7	4
10	3	2	8	4	6	12	5	9	1	11	7
6	11	1	5	9	7	8	10	4	12	3	2
4	7	9	12	3	1	2	11	8	10	5	6

168

6	3	10	9	7	1	4	2	11	5	8	12
5	11	4	2	6	3	12	8	1	9	7	10
7	12	8	1	5	10	11	9	3	2	6	4
9	6	1	5	2	12	8	10	4	11	3	7
2	7	12	11	3	4	5	1	10	8	9	6
10	8	3	4	9	7	6	11	5	12	2	1
12	5	9	6	8	11	7	4	2	10	1	3
4	10	2	3	1	5	9	6	12	7	11	8
11	1	7	8	12	2	10	3	9	6	4	5
3	2	11	7	10	8	1	12	6	4	5	9
8	4	6	10	11	9	3	5	7	1	12	2
1	9	5	12	4	6	2	7	8	3	10	11

169

5	7	1	8	9	11	12	4	2	10	3	6
2	10	6	4	3	7	8	1	11	9	12	5
9	11	3	12	6	5	10	2	8	7	4	1
4	6	7	9	11	2	5	10	12	1	8	3
10	12	8	3	4	1	6	7	9	2	5	11
1	2	11	5	8	12	3	9	4	6	7	10
7	5	4	6	1	10	9	8	3	11	2	12
3	1	12	2	5	6	7	11	10	8	9	4
8	9	10	11	2	3	4	12	1	5	6	7
6	3	2	10	12	9	11	5	7	4	1	8
12	4	9	7	10	8	1	6	5	3	11	2
11	8	5	1	7	4	2	3	6	12	10	9

170

2	5	12	3	8	9	6	1	11	4	10	7
6	8	1	11	10	7	4	2	3	12	5	9
7	4	10	9	3	11	12	5	1	6	2	8
4	12	9	6	1	10	11	3	8	2	7	5
8	2	11	10	9	5	7	6	4	1	12	3
1	7	3	5	2	4	8	12	10	9	6	11
10	9	6	2	5	12	3	8	7	11	4	1
11	1	5	7	4	2	10	9	12	3	8	6
12	3	8	4	11	6	1	7	2	5	9	10
5	11	2	12	7	3	9	10	6	8	1	4
3	6	7	8	12	1	5	4	9	10	11	2
9	10	4	1	6	8	2	11	5	7	3	12

5	C	9	E	1	0	A	B	D	4	6	2	3	8	7	F
6	4	2	B	5	7	3	8	A	C	F	1	E	9	D	0
8	0	D	1	2	4	9	F	3	B	E	7	C	6	5	A
A	7	F	3	E	6	D	C	0	8	5	9	4	B	1	2
2	E	0	5	C	D	B	9	6	7	A	3	F	1	8	4
4	1	8	9	7	F	0	3	C	2	D	B	A	5	6	E
D	F	B	A	4	8	2	6	E	1	9	5	0	3	C	7
C	6	3	7	A	E	5	1	4	0	8	F	9	D	2	B
E	D	7	6	0	3	C	2	1	9	B	A	5	4	F	8
9	8	1	2	6	B	7	E	5	F	4	0	D	C	A	3
F	5	4	0	8	A	1	D	2	E	3	C	B	7	9	6
3	B	A	C	9	5	F	4	8	6	7	D	2	E	0	1
0	9	6	D	3	1	8	A	B	5	2	4	7	F	E	C
B	2	E	4	F	C	6	5	7	D	0	8	1	A	3	9
1	A	5	F	B	2	E	7	9	3	C	6	8	0	4	D
7	3	C	8	D	9	4	0	F	A	1	E	6	2	B	5

F	0	B	5	1	A	D	E	3	C	4	9	7	6	2	8
9	D	4	1	2	7	0	6	8	F	E	5	3	B	A	C
C	3	A	E	9	B	8	4	6	2	1	7	F	D	0	5
7	6	8	2	C	3	F	5	A	B	0	D	9	1	4	E
4	F	2	7	5	8	E	A	D	6	9	B	C	0	3	1
D	8	3	0	6	C	B	9	2	1	7	E	4	5	F	A
E	5	9	C	4	D	3	1	F	0	A	8	6	2	B	7
B	A	1	6	F	2	7	0	4	5	C	3	8	E	9	D
5	4	E	D	7	1	2	F	9	A	6	C	B	3	8	0
A	7	C	B	E	6	5	3	0	8	2	F	1	4	D	9
3	2	0	F	8	4	9	C	7	D	B	1	E	A	5	6
8	1	6	9	B	0	A	D	5	E	3	4	2	C	7	F
2	E	F	A	3	9	C	8	1	4	5	0	D	7	6	B
1	9	7	8	A	5	6	B	C	3	D	2	0	F	E	4
0	C	5	3	D	E	4	7	B	9	F	6	A	8	1	2
6	B	D	4	0	F	1	2	E	7	8	A	5	9	C	3

The Big Book of Su Doku 2

173

8	B	E	A	3	D	2	0	7	4	1	6	C	F	9	5
0	6	F	D	7	E	C	1	B	3	5	9	2	4	A	8
5	9	7	C	A	B	8	4	E	2	0	F	1	6	3	D
2	1	3	4	6	F	9	5	C	A	D	8	0	E	B	7
9	E	C	0	5	2	F	6	A	8	4	B	D	1	7	3
1	5	B	7	0	3	E	C	6	D	9	2	F	8	4	A
A	2	8	3	1	4	D	B	F	0	7	C	5	9	6	E
6	4	D	F	9	8	A	7	3	5	E	1	B	C	2	0
D	7	9	B	E	C	5	A	8	1	2	0	6	3	F	4
4	8	5	1	B	6	3	F	D	9	A	7	E	0	C	2
3	C	A	6	2	0	4	9	5	F	B	E	8	7	D	1
F	0	2	E	D	1	7	8	4	6	C	3	A	B	5	9
E	F	0	8	4	5	B	D	9	C	3	A	7	2	1	6
B	A	4	2	C	9	6	E	1	7	8	D	3	5	0	F
C	D	1	9	F	7	0	3	2	E	6	5	4	A	8	B
7	3	6	5	8	A	1	2	0	B	F	4	9	D	E	C

Solutions

2	8	C	D	3	1	A	0	9	6	5	F	B	7	E	4
B	3	4	7	5	6	E	F	A	D	1	C	8	9	2	0
5	1	6	9	C	B	2	7	8	0	4	E	D	A	F	3
0	F	A	E	9	D	8	4	B	3	2	7	1	6	5	C
6	E	9	5	F	8	3	A	7	C	D	B	4	0	1	2
7	4	2	B	1	C	0	D	E	8	9	5	A	3	6	F
C	D	1	F	B	2	9	6	3	4	0	A	7	E	8	5
A	0	8	3	7	5	4	E	2	1	F	6	C	D	9	B
F	9	5	A	0	7	6	2	C	E	B	8	3	1	4	D
1	7	E	2	4	9	5	C	D	F	6	3	0	8	B	A
8	C	D	4	E	F	B	3	0	5	A	1	9	2	7	6
3	6	B	0	D	A	1	8	4	2	7	9	5	F	C	E
E	2	7	C	6	3	D	1	5	A	8	4	F	B	0	9
D	5	0	8	A	4	7	B	F	9	E	2	6	C	3	1
4	A	3	6	8	E	F	9	1	B	C	0	2	5	D	7
9	B	F	1	2	0	C	5	6	7	3	D	E	4	A	8

8	F	7	5	3	0	D	E	A	9	B	6	4	1	C	2
9	3	E	1	8	7	B	4	5	C	2	F	A	D	6	0
D	C	0	B	9	6	2	A	4	8	1	7	E	5	3	F
2	6	A	4	5	F	C	1	D	3	E	0	9	7	B	8
C	2	8	7	E	D	6	F	1	0	9	5	3	B	A	4
0	9	5	F	1	C	3	7	B	4	D	A	8	6	2	E
1	A	6	3	4	B	8	9	F	2	C	E	7	0	D	5
E	B	4	D	0	2	A	5	7	6	8	3	F	C	9	1
6	4	3	A	D	5	F	8	9	B	7	1	0	2	E	C
5	8	1	E	B	4	9	0	C	F	3	2	6	A	7	D
F	0	D	2	C	A	7	3	6	E	5	8	1	9	4	B
B	7	9	C	6	E	1	2	0	A	4	D	5	F	8	3
A	D	F	8	7	9	E	C	3	5	0	B	2	4	1	6
7	E	C	6	A	8	5	D	2	1	F	4	B	3	0	9
3	5	B	0	2	1	4	6	E	D	A	9	C	8	F	7
4	1	2	9	F	3	0	B	8	7	6	C	D	E	5	A

C	5	9	E	A	6	4	B	7	8	3	F	D	1	0	2
D	B	1	F	E	7	2	3	5	9	0	A	4	6	8	C
A	3	4	6	1	8	5	0	D	2	B	C	7	F	9	E
2	8	0	7	C	F	D	9	E	4	1	6	B	5	A	3
3	2	6	B	8	E	1	4	C	7	9	0	F	A	D	5
F	4	D	1	B	C	A	6	8	E	5	3	9	0	2	7
0	C	A	9	D	5	3	7	4	F	2	B	1	8	E	6
5	7	E	8	F	0	9	2	6	D	A	1	C	3	B	4
1	A	5	4	0	9	C	F	3	B	7	E	8	2	6	D
B	E	3	C	7	1	8	A	2	6	D	5	0	4	F	9
6	D	8	0	2	4	B	E	1	C	F	9	3	7	5	A
9	F	7	2	3	D	6	5	A	0	4	8	E	B	C	1
8	0	2	3	5	B	E	1	9	A	C	4	6	D	7	F
4	9	C	A	6	2	0	D	F	1	8	7	5	E	3	B
7	6	B	5	4	A	F	C	0	3	E	D	2	9	1	8
E	1	F	D	9	3	7	8	B	5	6	2	A	C	4	0

5	7	2	9	D	3	E	8	B	A	F	0	4	6	C	1
E	C	F	6	A	B	4	7	9	2	5	1	3	D	0	8
8	1	4	3	6	F	0	2	E	D	7	C	A	5	B	9
D	A	B	0	1	9	C	5	6	4	3	8	F	2	7	E
C	E	A	F	8	7	B	1	D	0	4	2	6	9	5	3
9	B	7	D	C	E	2	0	3	5	A	6	8	1	F	4
0	5	3	8	4	6	D	F	7	9	1	B	C	E	A	2
1	2	6	4	5	A	9	3	8	F	C	E	B	7	D	0
4	F	9	1	0	5	3	E	A	8	6	D	7	B	2	C
2	D	0	A	7	8	F	B	C	1	9	4	E	3	6	5
B	8	C	5	2	D	6	4	0	3	E	7	9	A	1	F
3	6	E	7	9	1	A	C	5	B	2	F	0	4	8	D
7	9	5	2	F	0	8	A	4	6	D	3	1	C	E	B
F	4	8	E	3	C	1	D	2	7	B	A	5	0	9	6
A	3	1	C	B	2	5	6	F	E	0	9	D	8	4	7
6	0	D	B	E	4	7	9	1	C	8	5	2	F	3	A

3	F	4	B	1	2	D	E	5	7	C	A	0	9	8	6
5	0	7	8	4	3	A	C	9	E	6	D	B	F	1	2
9	2	D	1	0	7	6	5	B	3	F	8	C	4	A	E
6	A	C	E	F	8	9	B	4	2	1	0	D	5	7	3
8	6	A	9	E	1	2	7	3	B	5	F	4	0	D	C
D	7	0	F	5	9	3	A	C	8	2	4	6	1	E	B
1	5	E	4	6	C	B	F	0	A	D	9	8	3	2	7
B	C	2	3	D	0	8	4	E	1	7	6	F	A	9	5
A	B	9	5	8	D	4	6	2	C	E	3	1	7	F	0
E	4	3	C	B	5	7	9	D	F	0	1	A	2	6	8
2	1	8	7	3	E	F	0	6	4	A	B	9	C	5	D
F	D	6	0	C	A	1	2	8	5	9	7	E	B	3	4
7	8	F	2	9	4	C	3	1	D	B	E	5	6	0	A
0	3	1	A	2	B	E	8	F	6	4	5	7	D	C	9
4	E	5	6	7	F	0	D	A	9	3	C	2	8	B	1
C	9	B	D	A	6	5	1	7	0	8	2	3	E	4	F

E	3	F	8	2	9	C	D	B	1	A	7	4	6	5	0
B	1	0	A	F	5	6	4	C	D	2	9	3	8	E	7
7	9	2	5	B	E	3	A	8	4	0	6	C	F	D	1
D	C	6	4	0	7	1	8	F	E	3	5	A	B	9	2
F	8	B	0	1	D	7	2	A	5	E	3	9	C	4	6
5	7	3	2	6	A	9	C	4	B	D	F	8	1	0	E
1	4	E	9	8	B	F	3	2	6	C	0	5	D	7	A
A	6	C	D	4	0	5	E	1	9	7	8	F	3	2	B
0	A	7	1	9	3	B	6	E	8	F	2	D	5	C	4
C	F	9	3	E	2	4	5	0	A	6	D	B	7	1	8
6	5	8	E	C	1	D	F	9	7	4	B	2	0	A	3
2	D	4	B	A	8	0	7	3	C	5	1	E	9	6	F
9	E	5	6	D	4	8	B	7	F	1	A	0	2	3	C
8	2	1	C	3	6	A	9	5	0	B	E	7	4	F	D
3	B	D	F	7	C	E	0	6	2	9	4	1	A	8	5
4	0	A	7	5	F	2	1	D	3	8	C	6	E	B	9

6	B	E	C	A	1	8	7	3	D	4	5	F	2	9	0
A	2	9	3	0	5	4	F	7	6	C	B	8	E	D	1
D	5	8	4	C	9	3	2	1	0	E	F	6	7	B	A
7	0	F	1	6	B	D	E	8	A	9	2	3	C	4	5
B	4	5	6	F	7	1	9	D	E	3	8	2	A	0	C
1	C	0	E	3	2	A	4	F	B	7	9	D	6	5	8
F	3	2	A	5	8	C	D	0	4	1	6	7	9	E	B
9	D	7	8	E	0	B	6	5	2	A	C	4	F	1	3
4	8	D	B	1	F	2	0	9	7	6	A	C	5	3	E
C	E	3	7	9	4	5	A	2	F	8	1	B	0	6	D
0	F	6	9	7	C	E	3	4	5	B	D	1	8	A	2
2	1	A	5	8	D	6	B	E	C	0	3	9	4	7	F
5	6	1	D	4	A	0	C	B	8	2	7	E	3	F	9
3	7	C	2	B	E	F	5	6	9	D	0	A	1	8	4
8	A	4	F	D	6	9	1	C	3	5	E	0	B	2	7
E	9	B	0	2	3	7	8	A	1	F	4	5	D	C	6

181

6	7	3	4	5	2	8	1	9			
2	1	4	9	6	8	7	3	5			
8	9	5	7	3	1	4	6	2			
3	5	2	6	4	7	9	8	1	5	3	2
9	6	8	2	1	5	3	7	4	6	8	9
1	4	7	3	8	9	2	5	6	7	4	1
5	3	1	8	9	4	6	2	7	1	5	3
7	8	9	5	2	6	1	4	3	8	9	7
4	2	6	1	7	3	5	9	8	2	6	4
			9	3	2	8	1	5	4	7	6
			7	6	8	4	3	2	9	1	5
			4	5	1	7	6	9	3	2	8

182

8	7	3	5	9	1	2	6	4			
6	9	5	4	8	2	1	3	7			
4	1	2	7	6	3	5	8	9			
3	8	6	1	4	5	7	9	2	6	3	8
1	2	9	6	7	8	3	4	5	9	2	1
5	4	7	2	3	9	8	1	6	4	5	7
7	3	8	9	5	6	4	2	1	8	7	3
9	5	1	8	2	4	6	7	3	5	1	9
2	6	4	3	1	7	9	5	8	2	6	4
			4	9	3	2	6	7	1	8	5
			7	6	1	5	8	9	3	4	2
			5	8	2	1	3	4	7	9	6

183

1	4	5	8	9	6	2	7	3			
3	6	7	4	2	1	9	8	5			
2	8	9	5	7	3	1	4	6			
7	9	6	1	3	8	4	5	2	7	9	6
4	3	1	7	5	2	8	6	9	1	3	4
5	2	8	9	6	4	7	3	1	5	8	2
9	1	3	6	8	7	5	2	4	9	1	3
6	7	4	2	1	5	3	9	8	6	4	7
8	5	2	3	4	9	6	1	7	8	2	5
			4	9	1	2	7	5	3	6	8
			8	7	3	1	4	6	2	5	9
			5	2	6	9	8	3	4	7	1

184

8	3	7	9	2	6	4	5	1			
5	9	1	7	4	3	8	6	2			
2	6	4	5	1	8	9	7	3			
1	8	3	2	6	9	7	4	5	1	3	8
7	5	9	3	8	4	2	1	6	9	5	7
4	2	6	1	7	5	3	8	9	6	2	4
9	7	8	6	5	2	1	3	4	7	8	9
6	1	2	4	3	7	5	9	8	2	6	1
3	4	5	8	9	1	6	2	7	3	4	5
			7	1	6	8	5	3	4	9	2
			5	4	3	9	7	2	8	1	6
			9	2	8	4	6	1	5	7	3

185

4	5	6	3	7	2	8	1	9			
8	3	2	4	1	9	6	7	5			
7	1	9	8	5	6	2	3	4			
5	6	8	2	9	7	1	4	3	6	8	5
2	7	1	6	4	3	9	5	8	2	1	7
3	9	4	5	8	1	7	2	6	9	3	4
1	4	7	9	6	5	3	8	2	4	7	1
9	8	3	1	2	4	5	6	7	3	9	8
6	2	5	7	3	8	4	9	1	5	6	2
			4	5	6	8	1	9	7	2	3
			8	7	9	2	3	4	1	5	6
			3	1	2	6	7	5	8	4	9

186

5	8	2	4	1	9	7	6	3			
7	3	4	5	6	2	9	1	8			
9	6	1	8	3	7	4	5	2			
8	9	6	1	2	4	5	3	7	6	9	8
1	2	7	3	8	5	6	4	9	1	2	7
4	5	3	9	7	6	8	2	1	5	3	4
6	7	9	2	4	3	1	8	5	7	6	9
3	1	5	6	9	8	2	7	4	3	1	5
2	4	8	7	5	1	3	9	6	4	8	2
			8	6	2	7	5	3	9	4	1
			4	3	7	9	1	2	8	5	6
			5	1	9	4	6	8	2	7	3

187

6	4	2	8	3	5	9	1	7			
3	9	7	6	1	4	5	2	8			
1	8	5	2	9	7	6	3	4			
4	2	9	1	7	3	8	6	5	9	2	4
8	3	6	4	5	2	7	9	1	6	3	8
5	7	1	9	6	8	2	4	3	7	5	1
7	6	4	3	8	9	1	5	2	4	6	7
9	5	3	7	2	1	4	8	6	5	9	3
2	1	8	5	4	6	3	7	9	8	1	2
			8	1	5	6	3	7	2	4	9
			2	9	4	5	1	8	3	7	6
			6	3	7	9	2	4	1	8	5

188

8	2	1	3	6	5	4	7	9			
3	5	7	4	9	2	6	8	1			
9	6	4	8	1	7	2	5	3			
2	4	9	6	8	1	5	3	7	4	2	9
7	3	8	2	5	4	9	1	6	8	3	7
6	1	5	9	7	3	8	4	2	6	5	1
1	8	2	7	4	6	3	9	5	1	8	2
4	7	6	5	3	9	1	2	8	7	6	4
5	9	3	1	2	8	7	6	4	5	9	3
			4	6	7	2	5	3	9	1	8
			8	9	2	6	7	1	3	4	5
			3	1	5	4	8	9	2	7	6

189

5	4	1	6	2	9	3	7	8		
8	9	2	4	7	3	5	6	1		
6	3	7	1	5	8	9	4	2		
7	8	4	9	6	1	2	5	3	4	7	8
9	5	6	2	3	4	1	8	7	5	6	9
1	2	3	7	8	5	4	9	6	2	3	1
3	1	5	8	4	6	7	2	9	3	1	5
2	6	9	5	1	7	8	3	4	6	9	2
4	7	8	3	9	2	6	1	5	8	4	7
			4	2	3	9	7	8	1	5	6
			1	5	9	3	6	2	7	8	4
			6	7	8	5	4	1	9	2	3

190

2	9	6	5	7	8	3	4	1		
4	8	3	2	9	1	5	7	6		
7	1	5	4	6	3	9	8	2		
5	6	7	9	3	2	8	1	4	6	7	5
1	3	9	8	4	7	2	6	5	9	3	1
8	2	4	6	1	5	7	9	3	8	4	2
9	7	2	1	5	4	6	3	8	2	9	7
3	5	1	7	8	6	4	2	9	5	1	3
6	4	8	3	2	9	1	5	7	4	6	8
			4	9	3	5	7	2	1	8	6
			5	7	1	9	8	6	3	2	4
			2	6	8	3	4	1	7	5	9

3	5	2	9	4	1	6	8	7						
8	4	1	7	3	6	9	5	2						
9	7	6	8	2	5	4	3	1						
1	6	4	3	5	2	8	7	9						
5	2	9	1	7	8	3	6	4						
7	3	8	6	9	4	2	1	5						
2	1	5	4	8	3	7	9	6	8	2	3	5	4	1
6	8	7	2	1	9	5	4	3	9	1	6	2	7	8
4	9	3	5	6	7	1	2	8	5	7	4	9	6	3
						2	3	4	1	9	5	7	8	6
						6	8	1	7	4	2	3	5	9
						9	7	5	3	6	8	4	1	2
						4	1	7	2	8	9	6	3	5
						3	6	9	4	5	1	8	2	7
						8	5	2	6	3	7	1	9	4

8	6	9	1	2	5	4	3	7						
5	1	7	3	4	9	8	2	6						
4	2	3	7	8	6	9	5	1						
1	3	4	8	6	2	7	9	5						
6	5	8	9	3	7	1	4	2						
9	7	2	4	5	1	3	6	8						
7	4	5	6	9	8	2	1	3	7	6	4	9	5	8
3	8	6	2	1	4	5	7	9	2	8	1	3	4	6
2	9	1	5	7	3	6	8	4	3	5	9	7	2	1
						7	5	6	8	1	3	4	9	2
						1	4	2	5	9	6	8	7	3
						3	9	8	4	7	2	6	1	5
						4	6	7	1	2	8	5	3	9
						9	2	5	6	3	7	1	8	4
						8	3	1	9	4	5	2	6	7

8	2	6	1	4	5	3	9	7						
1	4	5	7	3	9	8	2	6						
3	7	9	2	6	8	4	5	1						
5	6	7	3	9	1	2	8	4						
2	1	8	4	5	6	7	3	9						
4	9	3	8	7	2	1	6	5						
6	3	1	9	8	4	5	7	2	3	6	9	1	8	4
9	8	2	5	1	7	6	4	3	8	2	1	5	7	9
7	5	4	6	2	3	9	1	8	4	7	5	3	6	2
						3	5	1	6	8	2	4	9	7
						8	2	7	5	9	4	6	1	3
						4	6	9	7	1	3	2	5	8
						2	8	5	1	3	7	9	4	6
						1	9	6	2	4	8	7	3	5
						7	3	4	9	5	6	8	2	1

6	8	3	2	5	1	4	7	9						
2	4	9	8	3	7	6	1	5						
5	7	1	4	9	6	3	2	8						
3	2	7	5	8	4	1	9	6						
9	1	8	7	6	2	5	4	3						
4	6	5	3	1	9	7	8	2						
7	5	2	6	4	8	9	3	1	6	8	2	5	7	4
1	3	4	9	2	5	8	6	7	3	4	5	2	1	9
8	9	6	1	7	3	2	5	4	9	1	7	8	6	3
						1	2	8	5	9	6	3	4	7
						7	4	6	2	3	1	9	5	8
						5	9	3	8	7	4	6	2	1
						6	7	9	1	2	8	4	3	5
						3	1	5	4	6	9	7	8	2
						4	8	2	7	5	3	1	9	6

8	4	9	6	7	2	1	5	3
7	3	6	5	1	9	4	8	2
1	5	2	3	4	8	9	6	7
3	9	5	2	8	1	7	4	6
6	8	7	4	9	3	5	2	1
2	1	4	7	5	6	8	3	9

4	7	3	1	2	5	6	9	8	3	7	1	4	5	2
9	6	1	8	3	4	2	7	5	6	4	8	3	1	9
5	2	8	9	6	7	3	1	4	5	2	9	6	7	8
						9	5	6	8	1	2	7	3	4
						4	8	3	7	6	5	2	9	1
						1	2	7	9	3	4	8	6	5
						8	6	9	4	5	7	1	2	3
						7	4	1	2	9	3	5	8	6
						5	3	2	1	8	6	9	4	7

2	9	6	3	4	5	7	1	8						
1	8	3	6	7	2	5	4	9						
4	5	7	9	8	1	3	6	2						
3	7	9	8	2	6	4	5	1						
8	4	5	7	1	3	9	2	6						
6	2	1	5	9	4	8	7	3						
5	3	2	4	6	9	1	8	7	9	2	6	5	4	3
9	6	8	1	5	7	2	3	4	5	7	1	8	6	9
7	1	4	2	3	8	6	9	5	8	4	3	2	7	1
						3	5	2	1	9	7	4	8	6
						4	7	6	3	5	8	1	9	2
						8	1	9	4	6	2	3	5	7
						5	4	3	6	1	9	7	2	8
						7	6	1	2	8	4	9	3	5
						9	2	8	7	3	5	6	1	4

4	3	6	7	8	1	9	5	2						
1	8	5	4	2	9	6	3	7						
9	2	7	6	5	3	4	1	8						
7	4	8	1	3	6	2	9	5						
5	6	1	8	9	2	3	7	4						
2	9	3	5	7	4	8	6	1						
3	5	9	2	1	8	7	4	6	5	1	3	9	8	2
8	1	4	9	6	7	5	2	3	9	4	8	7	1	6
6	7	2	3	4	5	1	8	9	6	2	7	3	4	5
						2	6	7	3	8	4	1	5	9
						4	3	5	7	9	1	2	6	8
						8	9	1	2	5	6	4	7	3
						3	7	8	4	6	9	5	2	1
						6	5	4	1	3	2	8	9	7
						9	1	2	8	7	5	6	3	4

6	9	7	8	1	4	5	3	2						
5	2	4	3	9	7	8	6	1						
1	3	8	6	5	2	7	4	9						
7	4	6	5	8	9	1	2	3						
2	5	9	4	3	1	6	7	8						
8	1	3	7	2	6	4	9	5						
9	7	2	1	4	5	3	8	6	7	5	9	1	2	4
4	8	1	9	6	3	2	5	7	1	4	3	6	8	9
3	6	5	2	7	8	9	1	4	6	8	2	5	7	3
						1	4	3	2	9	5	7	6	8
						6	2	9	8	1	7	3	4	5
						8	7	5	4	3	6	9	1	2
						4	3	8	9	7	1	2	5	6
						5	6	1	3	2	8	4	9	7
						7	9	2	5	6	4	8	3	1

8	2	7	4	9	3	5	6	1						
9	5	3	8	6	1	7	4	2						
6	1	4	5	2	7	3	9	8						
4	9	2	3	1	5	8	7	6						
7	3	6	2	8	4	9	1	5						
5	8	1	6	7	9	2	3	4						
1	4	9	7	5	8	6	2	3	5	9	1	8	7	4
3	6	8	9	4	2	1	5	7	8	2	4	9	6	3
2	7	5	1	3	6	4	8	9	6	7	3	5	2	1
						8	4	6	2	5	9	1	3	7
						9	7	2	1	3	6	4	8	5
						3	1	5	7	4	8	6	9	2
						2	9	1	3	8	5	7	4	6
						5	3	8	4	6	7	2	1	9
						7	6	4	9	1	2	3	5	8

9	1	3	4	5	8	6	2	7						
8	4	6	7	2	1	3	5	9						
5	2	7	6	3	9	1	4	8						
2	3	8	5	7	6	4	9	1						
6	7	5	1	9	4	8	3	2						
4	9	1	3	8	2	5	7	6						
3	8	2	9	6	5	7	1	4	5	9	3	6	8	2
7	6	4	2	1	3	9	8	5	1	6	2	7	3	4
1	5	9	8	4	7	2	6	3	7	4	8	9	1	5
						1	9	2	4	3	6	8	5	7
						4	5	8	9	7	1	3	2	6
						6	3	7	8	2	5	1	4	9
						3	4	9	2	1	7	5	6	8
						8	2	1	6	5	9	4	7	3
						5	7	6	3	8	4	2	9	1

201

6	1	2	5	3	4
4	3	5	6	1	2
1	2	3	4	6	5
3	6	4	2	5	1
5	4	6	1	2	3
2	5	1	3	4	6

202

3	5	6	4	2	1
1	6	4	3	5	2
4	2	1	5	3	6
5	3	2	1	6	4
6	4	5	2	1	3
2	1	3	6	4	5

203

3	4	1	5	6	2
2	1	6	3	4	5
1	5	2	4	3	6
6	3	4	2	5	1
5	2	3	6	1	4
4	6	5	1	2	3

204

2	3	4	6	1	5
5	1	6	2	3	4
1	4	5	3	2	6
6	2	3	5	4	1
4	6	2	1	5	3
3	5	1	4	6	2

205

6	5	3	4	2	1
2	1	4	5	6	3
5	3	2	1	4	6
3	4	6	2	1	5
1	2	5	6	3	4
4	6	1	3	5	2

206

5	2	3	4	1	6
1	3	6	5	2	4
2	4	1	6	3	5
3	5	4	1	6	2
6	1	5	2	4	3
4	6	2	3	5	1

207

1	2	3	6	4	5
3	5	6	1	2	4
6	4	5	2	1	3
2	1	4	3	5	6
5	6	2	4	3	1
4	3	1	5	6	2

208

1	6	5	2	3	4
5	4	2	6	1	3
6	3	4	1	5	2
4	1	3	5	2	6
2	5	6	3	4	1
3	2	1	4	6	5

209

1	2	6	3	5	4
6	4	3	2	1	5
3	5	4	1	2	6
2	1	5	6	4	3
4	3	2	5	6	1
5	6	1	4	3	2

210

3	2	4	1	5	6
4	6	1	3	2	5
1	5	6	2	3	4
2	3	5	4	6	1
6	1	2	5	4	3
5	4	3	6	1	2

211

1	4	5	3	6	7	2
3	7	2	1	4	6	5
7	5	6	2	3	4	1
4	3	1	6	5	2	7
6	1	4	7	2	5	3
5	2	3	4	7	1	6
2	6	7	5	1	3	4

212

5	4	6	3	1	2	7
6	1	3	4	5	7	2
1	2	7	5	6	4	3
2	5	4	7	3	6	1
4	6	2	1	7	3	5
7	3	5	6	2	1	4
3	7	1	2	4	5	6

213

1	6	5	2	3	4	7
3	5	2	6	1	7	4
5	7	4	1	2	3	6
7	1	3	4	6	5	2
6	3	7	5	4	2	1
2	4	6	3	7	1	5
4	2	1	7	5	6	3

214

4	7	5	1	2	3	6
5	2	3	7	4	6	1
7	6	1	2	5	4	3
6	5	4	3	1	7	2
2	4	7	6	3	1	5
3	1	2	4	6	5	7
1	3	6	5	7	2	4

215

3	5	1	4	2	6	7
4	6	7	3	5	1	2
5	1	2	6	3	7	4
6	2	4	7	1	5	3
1	3	5	2	7	4	6
7	4	3	1	6	2	5
2	7	6	5	4	3	1

216

7	4	5	1	3	2	6
6	5	2	7	4	3	1
5	1	3	2	7	6	4
4	3	6	5	1	7	2
2	7	4	3	6	1	5
1	6	7	4	2	5	3
3	2	1	6	5	4	7

217

5	1	6	4	2	3	7
2	7	3	1	5	6	4
7	6	4	3	1	2	5
1	5	2	6	4	7	3
6	2	5	7	3	4	1
3	4	1	2	7	5	6
4	3	7	5	6	1	2

218

4	1	5	7	2	3	6
5	3	6	1	4	2	7
1	7	2	6	5	4	3
3	4	7	2	1	6	5
2	5	4	3	6	7	1
7	6	1	4	3	5	2
6	2	3	5	7	1	4

219

5	1	7	3	4	6	2
2	3	6	5	1	4	7
3	7	4	6	5	2	1
4	6	1	2	7	5	3
7	5	3	4	2	1	6
1	2	5	7	6	3	4
6	4	2	1	3	7	5

220

2	5	3	6	7	4	1
3	7	4	5	2	1	6
7	1	6	4	5	3	2
1	3	2	7	6	5	4
5	2	1	3	4	6	7
6	4	5	2	1	7	3
4	6	7	1	3	2	5

221

4	7	2	6	5	1	3	8
8	6	5	3	1	2	4	7
1	3	4	2	8	7	5	6
2	1	7	8	3	4	6	5
6	5	3	7	4	8	1	2
5	2	8	4	6	3	7	1
3	8	6	1	7	5	2	4
7	4	1	5	2	6	8	3

222

3	4	6	7	2	1	8	5
8	5	7	3	1	6	4	2
1	2	5	6	8	4	7	3
6	1	4	8	3	2	5	7
7	3	2	4	5	8	1	6
2	7	8	5	4	3	6	1
4	6	3	1	7	5	2	8
5	8	1	2	6	7	3	4

223

2	4	3	1	5	7	8	6
7	6	5	8	3	1	4	2
1	8	7	4	6	2	3	5
5	3	2	6	8	4	7	1
6	1	4	7	2	8	5	3
3	5	8	2	4	6	1	7
8	2	1	5	7	3	6	4
4	7	6	3	1	5	2	8

224

5	4	6	1	3	8	7	2
2	7	3	5	8	6	4	1
1	8	2	6	7	4	5	3
6	1	7	4	2	5	3	8
8	3	5	7	4	2	1	6
3	6	4	2	1	7	8	5
7	5	1	8	6	3	2	4
4	2	8	3	5	1	6	7

225

3	2	1	5	7	4	6	8
8	6	5	2	4	7	3	1
7	4	6	1	8	3	5	2
1	5	3	8	2	6	7	4
4	8	7	6	3	2	1	5
5	7	2	3	1	8	4	6
2	1	4	7	6	5	8	3
6	3	8	4	5	1	2	7

226

4	7	8	6	2	1	5	3
5	6	3	4	1	8	7	2
2	1	5	8	3	7	4	6
1	4	7	3	5	6	2	8
3	8	2	7	6	5	1	4
7	2	6	5	4	3	8	1
6	5	1	2	8	4	3	7
8	3	4	1	7	2	6	5

227

6	7	5	8	4	3	2	1
3	2	1	6	5	4	8	7
4	8	3	1	7	2	5	6
1	4	2	7	8	5	6	3
5	6	7	2	3	8	1	4
2	1	8	3	6	7	4	5
7	5	6	4	2	1	3	8
8	3	4	5	1	6	7	2

228

8	7	6	2	5	4	3	1
5	1	3	6	4	7	2	8
4	2	8	7	3	1	5	6
7	6	1	3	8	5	4	2
3	4	5	1	2	8	6	7
6	5	2	8	7	3	1	4
1	8	4	5	6	2	7	3
2	3	7	4	1	6	8	5

229

3	8	5	2	4	1	7	6
6	2	1	7	5	4	3	8
7	4	8	1	3	6	5	2
5	1	3	6	2	8	4	7
2	6	4	8	7	3	1	5
4	5	7	3	6	2	8	1
8	7	2	4	1	5	6	3
1	3	6	5	8	7	2	4

230

5	1	4	7	8	3	6	2
8	6	3	1	2	7	4	5
7	2	5	3	4	6	1	8
3	7	6	4	5	2	8	1
2	4	8	6	1	5	7	3
6	8	1	5	3	4	2	7
1	3	7	2	6	8	5	4
4	5	2	8	7	1	3	6

231

6	2	8	4	9	1	7	5	3
8	4	7	1	3	6	2	9	5
1	5	3	9	2	8	6	4	7
7	3	9	5	6	2	1	8	4
2	6	5	3	8	4	9	7	1
4	8	2	6	1	7	5	3	9
9	1	4	8	7	5	3	2	6
3	7	6	2	5	9	4	1	8
5	9	1	7	4	3	8	6	2

232

8	4	9	2	6	5	1	7	3
2	3	5	7	9	4	8	6	1
6	9	2	1	5	3	7	4	8
3	1	4	6	8	9	2	5	7
5	8	7	3	2	6	9	1	4
7	2	6	8	4	1	3	9	5
4	5	3	9	1	7	6	8	2
9	7	1	4	3	8	5	2	6
1	6	8	5	7	2	4	3	9

233

5	1	9	4	3	6	2	7	8
8	6	4	2	5	1	9	3	7
6	4	3	7	9	8	1	2	5
3	5	7	8	1	9	6	4	2
9	2	8	5	7	3	4	6	1
1	3	5	6	2	4	7	8	9
2	9	1	3	6	7	8	5	4
7	8	6	9	4	2	5	1	3
4	7	2	1	8	5	3	9	6

234

6	4	1	9	7	8	3	5	2
7	8	9	3	1	2	6	4	5
8	3	5	2	9	4	1	6	7
2	5	6	7	4	3	8	9	1
4	9	2	5	6	1	7	8	3
1	2	4	8	3	6	5	7	9
3	6	7	1	8	5	9	2	4
9	1	8	4	5	7	2	3	6
5	7	3	6	2	9	4	1	8

235

9	6	1	4	3	5	7	2	8
8	5	7	2	1	6	9	3	4
7	1	4	3	6	8	2	5	9
4	3	9	8	5	7	1	6	2
5	2	8	7	9	1	3	4	6
6	7	5	9	4	2	8	1	3
1	8	6	5	2	3	4	9	7
3	4	2	1	7	9	6	8	5
2	9	3	6	8	4	5	7	1

236

4	8	2	3	6	9	5	1	7
1	3	9	5	8	7	2	4	6
5	6	1	7	2	4	3	8	9
7	9	8	6	4	5	1	2	3
3	4	7	9	1	8	6	5	2
2	5	4	1	3	6	9	7	8
9	2	3	8	5	1	7	6	4
6	7	5	4	9	2	8	3	1
8	1	6	2	7	3	4	9	5

237

5	6	1	3	9	7	4	8	2
6	7	8	9	2	1	5	3	4
4	5	3	2	8	6	7	9	1
9	3	2	4	1	5	8	6	7
7	1	6	5	3	9	2	4	8
8	9	7	6	4	2	1	5	3
3	8	5	1	7	4	6	2	9
2	4	9	7	5	8	3	1	6
1	2	4	8	6	3	9	7	5

238

5	4	6	1	3	9	8	7	2
7	8	1	3	4	6	2	5	9
4	9	7	2	8	5	1	6	3
3	5	2	9	1	8	7	4	6
8	1	9	6	5	4	3	2	7
6	3	5	8	7	2	4	9	1
1	6	4	5	2	7	9	3	8
2	7	8	4	9	3	6	1	5
9	2	3	7	6	1	5	8	4

4	7	8	5	9	2	3	1	6
1	3	2	6	4	8	7	9	5
9	4	5	1	8	6	2	7	3
3	5	7	9	6	1	4	8	2
2	6	9	7	1	4	5	3	8
8	9	1	3	2	5	6	4	7
6	2	4	8	3	7	1	5	9
7	8	6	4	5	3	9	2	1
5	1	3	2	7	9	8	6	4

4	3	5	8	2	7	1	9	6
2	6	7	9	3	4	5	8	1
3	9	8	1	5	6	7	4	2
6	4	1	2	7	5	9	3	8
7	5	3	4	6	2	8	1	9
8	2	4	3	1	9	6	5	7
1	7	6	5	9	8	3	2	4
5	8	9	6	4	1	2	7	3
9	1	2	7	8	3	4	6	5

241

1	9	8	4	3	7	6	2	5	0
8	4	2	0	9	5	1	3	6	7
4	6	0	7	5	3	8	1	9	2
7	8	5	3	6	9	2	4	0	1
9	5	7	1	8	2	4	0	3	6
0	1	3	2	7	6	5	9	8	4
3	2	4	6	1	8	0	5	7	9
6	3	1	8	0	4	9	7	2	5
2	7	9	5	4	0	3	6	1	8
5	0	6	9	2	1	7	8	4	3

242

1	9	3	4	6	0	8	2	5	7
6	4	2	9	7	5	1	8	3	0
5	7	0	8	4	2	6	9	1	3
9	6	5	3	8	7	2	4	0	1
2	8	1	5	3	9	0	6	7	4
0	3	8	2	9	1	4	7	6	5
4	1	9	6	5	3	7	0	2	8
7	2	4	1	0	6	5	3	8	9
8	5	7	0	2	4	3	1	9	6
3	0	6	7	1	8	9	5	4	2

243

0	2	7	6	9	5	8	4	1	3
8	5	4	3	1	2	0	6	9	7
1	3	6	7	4	0	2	5	8	9
2	8	1	9	3	6	4	0	7	5
6	4	5	2	8	9	1	7	3	0
3	0	8	4	5	7	6	9	2	1
5	9	0	8	2	3	7	1	6	4
7	6	2	5	0	1	9	3	4	8
9	7	3	1	6	4	5	8	0	2
4	1	9	0	7	8	3	2	5	6

244

7	5	9	4	6	8	0	2	3	1
8	6	0	7	5	3	1	9	4	2
5	1	2	9	7	4	8	0	6	3
9	8	4	3	0	1	7	5	2	6
4	0	3	2	9	6	5	8	1	7
1	2	8	6	3	0	9	7	5	4
3	7	5	8	1	2	4	6	9	0
6	9	7	1	4	5	2	3	0	8
2	4	6	0	8	9	3	1	7	5
0	3	1	5	2	7	6	4	8	9

245

3	4	7	0	5	9	2	1	8	6
1	7	0	6	4	8	3	9	5	2
8	9	6	5	7	2	4	3	1	0
5	1	2	8	3	4	0	7	6	9
7	3	5	9	6	1	8	0	2	4
0	2	4	1	9	6	7	5	3	8
9	6	3	4	8	0	5	2	7	1
4	8	9	7	2	3	1	6	0	5
6	5	1	2	0	7	9	8	4	3
2	0	8	3	1	5	6	4	9	7

246

1	8	5	2	4	9	6	7	3	0
2	5	7	8	0	1	3	9	4	6
9	0	6	4	3	8	7	2	1	5
4	6	9	3	2	7	5	8	0	1
3	7	4	9	6	5	0	1	8	2
8	1	3	7	9	0	2	5	6	4
0	2	8	5	1	6	4	3	9	7
5	9	2	0	8	4	1	6	7	3
7	4	1	6	5	3	9	0	2	8
6	3	0	1	7	2	8	4	5	9

247

2	1	9	5	3	6	0	4	8	7
9	3	6	1	2	7	8	5	4	0
1	5	8	0	7	3	2	6	9	4
0	2	4	7	8	9	3	1	6	5
3	9	0	4	6	5	1	2	7	8
8	4	3	6	0	1	5	7	2	9
6	7	5	3	9	2	4	8	0	1
5	6	2	9	4	8	7	0	1	3
7	0	1	8	5	4	6	9	3	2
4	8	7	2	1	0	9	3	5	6

248

8	4	0	1	3	9	2	5	7	6
3	9	5	4	7	6	8	2	1	0
5	1	6	0	2	7	3	9	4	8
6	3	7	2	4	0	5	8	9	1
7	2	8	6	5	1	9	3	0	4
1	8	2	7	9	4	0	6	3	5
9	0	1	3	8	5	4	7	6	2
4	5	9	8	1	3	6	0	2	7
2	6	4	9	0	8	7	1	5	3
0	7	3	5	6	2	1	4	8	9

249

4	3	7	0	6	2	9	5	1	8
7	9	5	3	1	4	8	6	0	2
5	1	6	2	8	0	3	7	4	9
3	4	0	8	7	6	5	9	2	1
0	8	2	4	9	5	1	3	7	6
1	7	8	6	3	9	4	2	5	0
2	6	9	1	5	7	0	4	8	3
9	5	3	7	0	1	2	8	6	4
6	0	4	9	2	8	7	1	3	5
8	2	1	5	4	3	6	0	9	7

250

1	8	2	5	4	0	6	9	7	3
4	9	6	7	3	8	1	2	0	5
8	5	7	3	2	1	9	4	6	0
6	7	0	2	5	3	8	1	9	4
2	3	4	8	6	9	0	7	5	1
0	4	1	6	9	2	3	5	8	7
9	1	8	4	0	7	5	6	3	2
5	0	9	1	8	4	7	3	2	6
3	2	5	9	7	6	4	0	1	8
7	6	3	0	1	5	2	8	4	9